U0669069

Modern
Chinese
Advertising Grammar Dictionary

小丰现代汉语
广告语法辞典

丰信东 著

人民东方出版传媒
People's Oriental Publishing & Media
东方出版社
The Oriental Press

有用！

持续有用！

————

《小丰现代汉语广告语法辞典》

20 周年版炼成记

20 周年纪念版……

叔本华说，所有的真理都要经过三个阶段：首先，受到嘲笑；然后，遭到激烈的反对；最后，被理所当然地接受。

《小丰现代汉语广告语法辞典》算不上真理，只讲了些歪理，却也用 20 年的时间走完了这个流程。

20 年前，为了一本秘籍，我强拆了北京一套房……

作为中国本土第一本文案书，《小丰现代汉语广告语法辞典》摆脱不了多舛的宿命，但最终穿透了时间。

时间，是最好的评论家。

20 年前，《小丰现代汉语广告语法辞典》的出版大计，被五六家出版社严词拒绝。一个刚入行的本土小白，有啥资格和脸面出书？也配？我东拼西借了 16 万, 自费出版了《小丰现代汉语广告语法辞典》。 那时的 16 万, 能轻松买下北京一居室。 理想很贵, 为了出这本文案秘籍, 我舍弃了三环路一套房。

七八年后, 我几乎忘了写过这本书。 经朋友提示, 我才发现《小丰现代汉语广告语法辞典》二手书价格被炒到近 3000 元, 书价翻了 40 倍。 不过, 价格再高, 都和原作者没有半毛钱关系了。

16 年后, 在"空手""鬼鬼""laughing" 等好友的推动下,《小丰现代汉语广告语法辞典》终于再版。 再版后大卖, 又很快绝版······

你问我值不值? 血亏。

不过, 时间给我颁发了全场大奖。

《小丰现代汉语广告语法辞典》, 是本土文案学习的源头书之一。

《小丰现代汉语广告语法辞典》，是文案必读书单里最常见的名字。

《小丰现代汉语广告语法辞典》，有了"音频版＋视频版"（樊登读书），短期播放量已近 20 万。

20 年来，一代一代新人，通过《小丰现代汉语广告语法辞典》入行和进阶，有的还成长为了"大神"。

人的一生，总要做几件后悔但又带劲儿的事。

《小丰现代汉语广告语法辞典》最终被看见被阅读，让我意识到，自己可以做更多有意义的事。本已退隐江湖的我，创办了公众号"小丰品牌"、知识星球"小丰文案方法研习社"，还从 20 年的实战经验中提炼出了"语体创作论""品牌四定法""7 点定魂术""人性 B 面营销论"……这些研究成果的一部分，又反哺了《小丰现代汉语广告语法辞典》。

《小丰现代汉语广告语法辞典》长火 20 年的秘诀

是什么？某次采访时，号主这么问。 我的回答是：有唯一性和持续有用。

文无第一，但有唯一。《小丰现代汉语广告语法辞典》是唯一一本基于语言学原理的文案书。 大多数文案书，只是介绍语言在商业领域如何应用。 但文案最底层的逻辑，还是在语言学里。 无论哪种文案，都要从语言出发，并最终落在语言上。《小丰现代汉语广告语法辞典》，讲的是文案"元知识"。

"有用"的前提是用过。"持续有用"的前提是反复用过。《小丰现代汉语广告语法辞典》之所以"持续有用"，是因为我通过实战反复验证过。 只有实战验证并不够，还要时间来验证。 只有通过双重验证的知识，才能持续有用。

这次借再版之机，我对《小丰现代汉语广告语法辞典》进行了一次全面修订。 这是一次"大修"，但依旧秉承这两个原则。

1. 增添了"持续有用"的新内容。

原理层面，增添了积木思维、语位、语体、叙事三原则、语言的四个阶次等"元知识"。

应用层面，增添了短视频文案九大元素、长文案八条心法、以小写大、以大写小、买点文案、场景等新内容。

这部分，占原书篇幅四分之一左右。

2. 重写了"持续有用"的内容。

全书逐字改了一遍。上一版本共 72 节，这次重写了 30 节。

题旨没有变，结论也没有变，只是把内容进一步深化和完善了。

3. 增加、更新了案例。

学习不要有"案例"依赖症。《小丰现代汉语广告语法辞典》直接呈现原理和方法，怕被案例新旧好坏干扰，也希望读者能活学活用，所以不太放案例。

考虑到初学者还离不开"案例"这根拐棍，这次增加、更新了四十几个例句和案例。看案例，去公众号不香吗？案例不重要，重要的是案例背后的原理和方法。

学案例，有用，但不能持续有用。只会案例学习法，是学习的坏案例。

4. 删除了"非持续有用"的旧内容。

关于汉语语境的批判和强调……（问题已经自然解决）

关于"网络语言""人工智能"的判断和预测……（问题已经变成新问题）

关于平面广告的方法和拆解……（问题已经消失）

不是"持续有用"的硬知识，一律删除。不多，
一共六七篇的样子。

总之，这是一本"全新的旧辞典"。

《小丰现代汉语广告语法辞典》侧重原理和方法，
不是编造的模板和公式。再真的秘籍都只是纸面
知识。学和练，练和会，还差着好几条航线。对
于新手而言，不经过长期揣摩和练习，很难把《小
丰现代汉语广告语法辞典》内化。

如何练？

如何把知识转化为能力？

如何真正把《小丰现代汉语广告语法辞典》装载在
脑子里？

要侧重练法和用法，侧重如何学会和上手。

学案例，要学最新的。

学原理和方法，要学双重验证过的。

《小丰现代汉语广告语法辞典》＝语言元技能＋第三部语法。AI 时代来了，文案如何避免被替代？一是要夯实基础，掌握"语言元技能"；二是要有创造性，学会"第三部语法"。

从被毁谤被质疑的"邪典"，到被赞誉被"必读"的"正典"，《小丰现代汉语广告语法辞典》用了 20 年的时间"转邪归正"。

20 年后，房价不会再涨了吧？

20 年后，《小丰现代汉语广告语法辞典》的读者还在涨吧？

如果是这样，我一定会驾着筋斗云穿越回 40 年前，拍拍那个中二少年的肩膀，大声说一句：你赚回来了……

有灵魂

的

语法书

今年四月某天，某前员工传来电子文件。 点开，原来是《小丰现代汉语广告语法辞典》的图文版 —— 这已不是"李逵"第一次遇到"李鬼"了。

几年前一次聚会，一位广告小姐姐自曝花七百元买了本《小丰现代汉语广告语法辞典》。"你怎么这么傻？"她答："签名版"在多个平台已标价千元以上。

直到上个月，东方出版社找我谈再版，我才知道：这本"古董书"，至今还在一些"广告人必读书单"上。

1999 年，我在 TBWA 工作时积累了一些专业心得，有了写《小丰现代汉语广告语法辞典》的初念。 工作太忙，就利用碎片时间，一边断续地写，一边在"A"网的论坛上连载。 直到 2004 年，由中国青年出版社正式出版发行。

从 1999 年到 2019 年，《小丰现代汉语广告语法辞典》跨过了 20 世纪，走过了 20 年的时光。

20 年来，《小丰现代汉语广告语法辞典》还在被阅读，被盗版，这是作者的荣幸。

20 年来，没有一本新书来迭代，来覆盖，这是行业的悲哀。

20 年来，广告的语言生态发生了重大变化，自媒体开始重构广告语言。那么，"后咪蒙"时代，这本前"A"网时代的书意义何在？

"自媒体的出现并没有改变文字好坏的标准"——六神磊磊的这句话，也正是《小丰现代汉语广告语法辞典》仍被阅读和使用的真正原因。

1999 年，广告圈充满有趣的灵魂，但到处都是刻板的文字；2019 年，满屏都是有趣的文字，细究后都是无趣的灵魂。《小丰现代汉语广告语法辞典》不想改变什么，只是想让有趣的文字找到有趣的灵魂。

我一直不认为《小丰现代汉语广告语法辞典》是一本纯工具书，否则大家不如去读广告教科书。

《小丰现代汉语广告语法辞典》的确是本"不正经"的"语法书"，但却是一本"有灵魂"的语法书。当然，如果你觉得"灵魂"是屁，我不反对你把它当作湿厕纸。

这次增补，《小丰现代汉语广告语法辞典》共扩充了两万余字。其中，语法部分由五十一篇增至七十二篇。原版的五十一篇没进行任何改动，保留了原貌——因为，虽然中年小丰的文字更老练精准，但也少了青年小丰的"狗血"气。而"广告精神"不就是某种暧昧不明的"狗血精神"吗？

另外，新增了我个人的自训和实践案例。一个广告老炮儿二十几年来都在不停自虐，你有什么资格善待自己？

最后，感谢东方出版社的专业和坚守！这个"口水"淹没"口碑"的时代，感谢他们仍坚持出版"有口碑"的专业书。

目录 | CONTENTS

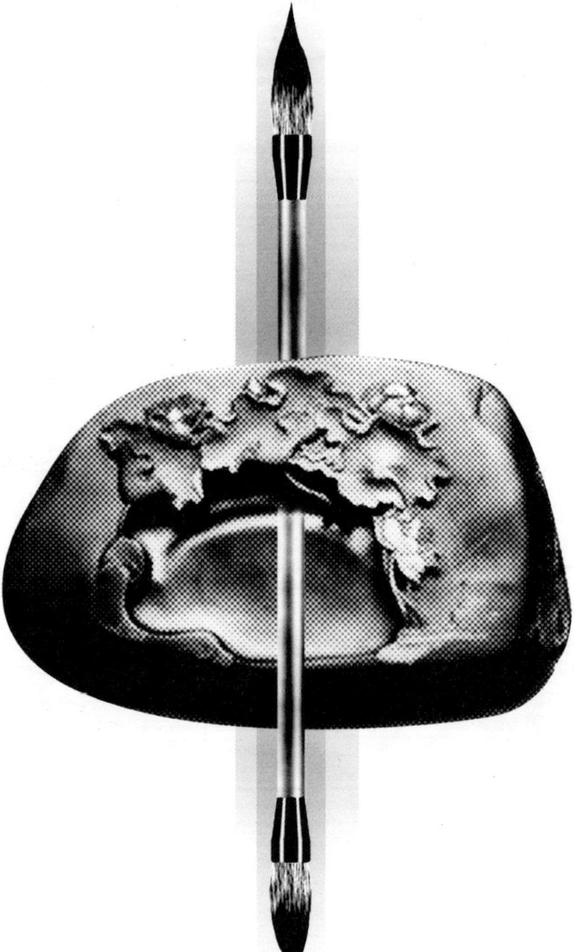

「文案是一种能力，不是某种行业，不是某个职位」

人生的
三部语法

文案会被 AI 替代吗?

要看你擅长的是哪部语法。

人的一生有三部语法:

第一部是本能语法。

天生就会,基因里带来的。

第二部是书面语法。

学校里习得的,是死语法。

第三部是说服语法,活语法。

第三部语法究竟是什么?

就是活用形象语言,

来进行情感说服的语法。

第二部语法教人写出正确通顺的语句。

第三部语法则要给这些语句

谱上风格、节奏、旋律,

供人吟唱、传播、流行

——进而感染和说服人!

AI 没有本能，

谈不上第一部语法。

AI 只会第二部语法。

AI 没有对象感、未来感，

不会拿捏人心，

也不会活用形象语言。

AI 是基于过去的，

AI 是统计学的。

AI 只是用智能模仿人类情感，

没有真正的情感，

也无法计算出复杂的语境，

永远都是没有温度的理中客。

所以 AI 再进化，

也无法拥有第三部语法。

AI 只擅长第二部语法。

如果你只会前两部语法，

就会被覆盖。

真的确信,

你比 AI 更懂更会第二部语法吗?

不想被取代,请认真学习第三部语法。

象形

形象

最早的汉语由象形文字组成。

象形文字是表意语言，

形与义直接相关。

象形文字就是一幅画，

字的意思就藏在画里面。

"广告"，是翻译过来的词。

先不管原文的意思，

只要翻译成了汉语，

我们就能用"象形思维"来破解，

找到它的真正含义。

"广"字的画面是这样的：

一个人从屋檐下向外射箭，

箭头划过了一望无际的田野。

广的象形意思是：很远很大的空间。

"告"字又是怎样的一幅画呢？

一个倒置的铃铛。

这个铃铛其实就是古人的上课铃。

不需摇动的时候，

老师们就把铃铛倒置在桌子上。

"告"字的象形意思是什么呢？

召集大家宣讲某件事情。

"广"和"告"合在一起的象形意思是：

在很大的空间里，

召集大家宣讲某件事情。

这个象形意思是不是

比一些教科书上的定义都靠谱呢？

通汉语不难，

想精通汉语就得有"象形思维"。

汉语是一门形象语言。

英文字母是抽象符号。

英语重语法、重逻辑、重时态，

是严谨的理性语言。

象形文字是具象视觉。

汉语轻语法，轻逻辑，轻时态，

是形象的感性语言。

有个说法：汉语适合写结婚誓词，

英语适合写离婚协议。

某位父亲在女儿婚礼上的致辞，

一度刷屏，其中有两句是：

"愿松萝共倚共人生，丹青不渝不负卿。"

"松""萝""丹青"都是形象语言，

镶嵌在对偶句里，

既美好又有仪式感。

如果用精美的古风对偶句写一份离婚协议呢？

结局一定不是"对偶"，

而是"怨偶"和"丧偶"……

"沉鱼落雁，闭月羞花"，

就是简单的词语并置，

没什么语法性和逻辑性。

如果翻译成英文，

得用多少个英文单词呢？

即使翻译清楚了，

美感和意境也被翻译没了。

李白名句：烟花三月下扬州。

美国大诗人庞德这样翻译：

The smoke-flowers are burred over the river。

烟花被译作有烟的花。

原诗中的烟花，是一种形象的说法，

形容江南的春景繁盛绚烂，

怎么就冒起烟来了呢？

庞德并没有翻译错，

这不过是法律性语言和

形象性语言之间的误会罢了。

身为一枚汉语文案，

要从"象形"和"形象"这两个向度来理解汉语，

并能"象形"和"形象"地使用汉语。

有了"象形思维"和"形象思维"，

才能建立初步的汉语自觉。

有的文案写了一辈子，

可惜还是不太自觉。

03

积木
思维

认知层面，

要有"象形思维"和"形象思维"。

语用层面，

要有"积木思维"。

英语是"造"出来的，

汉语是"搭"出来的。

英语常用单词，

3 万~4 万个。

为什么这么多？

因为每出现一个新事物，

都要新造一个单词。

汉语常用词是多少呢？

5000 个左右。

为什么如此少？

新词都是由常用词搭配出来的，

基础常用词的数量还是那么多。

汉字的笔画、偏旁部首、字、词、句，

都是大大小小的积木块。

汉字是搭出来的。

"口"字左边搭"禾"，

是"和"；

右边搭"可"，

是"呵"；

上边再搭个"口"，

是"吕"；

下边搭"木"，

是"呆"；

"口"字里搭个"木"，

是"困"。

前后左右上下里外都可搭。

词，也是搭出来的。

冷可以搭更冷的冰

——冰冷；

也可以搭热的

——冷热；

可以连搭两个冰

——冷冰冰；

也可以重重复复地搭

——冷冷热热。

词语皆积木，

万物皆可搭。

词与词，

也可以自由搭配。

正着搭：屡战屡败；

反着搭：屡败屡战；

错着搭：屡屡战败……

还可以整句整句地组团搭：

复沓着搭，

回环着搭，

还能镜像着搭

——给岁月以文明，

而不是给文明以岁月（《三体》）。

写文案就是在搭积木。

从学校习得的语言，

是按照旧说明书，

搭出来的老城堡。

每个人的大脑里都有一座老城堡。

很多人写文案太死板、不出彩，

就是大脑里的老城堡太坚固，

把自己困在里面了。

现在起，拆掉这座老城堡。

要像孩子玩积木那样，

先解构，再结构。

要像孩子玩积木那样，

不停试错，穷尽可能，

最终搭出自己的梦幻城堡。

从语用层面来看，

汉语没有严格的语法，

只有字、词、句之间的搭法。

能拆的勇敢拆。

能搭的自由搭。

玩起来!

谁？

对象感

有些文案，还没落笔，就已经失败了。

写文案，首先要确定说给谁听。

文案说给谁听，就要从谁那儿出发，

并最终回到谁那里。

谁？不是一个人，也不是一群人，

而是一个人代表的一群人，

这就是所谓的典型性吧。

文案始终站在"谁"的兴趣和需求上说话，

使用哪个人称只是纯技术选择。

"谁在说"不重要，更重要的是"谁在听"。

只有搞清楚"谁在听"，才能建立对象感。

文案能否让人听进去，

取决于能否成功地建立对象感。

极端点说：文案可以没有文字，

但不能没有说话对象。

"谁在听"是起点，也是终点。

第一法则
加减乘除

记住第一法则：

文案是听读的减法和除法，

兴趣的加法和乘法。

文案之所以存在，是为了降低沟通成本。

文案之所以存在，是为了提升听读兴趣。

违反了第一法则，文案就没人听没人读。

即使听了读了，也听不完读不完。

不被听读的文案就失去了存在价值。

文案
语案

文案不是文案，而是"语案"。

人活在自己的语言中，

语言是人"存在的家"。

人在说话，话在说人。

——海德格尔

大多数时候，

文案是说话，

是语言，

而不是文字。

文案不仅仅是从眼到眼，

还是从嘴到耳，

再从更多的嘴，

到更多的耳。

请文案们一定记住：

写文案不是在写文字，

而是在写语言。

"just do it"

"人头马一开，好事自然来"，

"味道好极了"

"怕上火喝王老吉"

——仅从文字上看，出彩吗？

一点也不。

那为什么能广为流传呢？

因为这些文案是说话，

是语言，

除了抓住了用户心理，

耳朵爱听嘴巴爱说。

文案这样写：

全域级通信信号覆盖零死角。

语案这样写：

这种鬼地方也收得到！（和信电讯）。

你的耳朵爱听哪个呢？

你的嘴巴爱说哪句呢？

纯文字阅读场景越来越少,

不会写语案只会写文案的文案,

不如改做书法家⋯⋯

书里还会沿用"文案"这一通用说法,

但你要明白,

我所说的"文案",

大多数情形下指的是"语案"。

07

字

话

句

词

话比字好。

字比词好。

词比句好。

单句比复句好。

只有一个字或一个词的话最最好。

如果空格就是你要说的，就不要按第二个键。

如果你要说的比空格还少，

那就彻底把你的手机扔掉。

视频文案以话为主。

请注意，话不是句。

话是人对人说话，是口语。

以上规则反过来也成立，

但请先给自己一个理由。

主谓宾

最失败的文案是：

主谓宾

定状补

介副叹

的地得

皆全！

"我能"，

宾语消失，

定状补、介副叹都没有，

但想表达的意思是完整的。

"just do it"，

少主语，

但并不妨碍它成为经典。

文案有自己的语法。

文案常常反语法。

文案是精彩优于正确、

创新大于规则的

（策略大于文案，

精彩和创新不能违反策略）。

《三国志》是正史，

远比《三国演义》正确，

但哪个更精彩呢？

文案是《三国演义》，

不是《三国志》。

文案绝不是小学生交造句作业。

切记，如果能抗拒干扰——

文案就要拒绝完整。

記

09

名词 动词
副词 介词
形容词

名词比动词好，

动词比副词、介词好，

形容词最最不好！

好文案只用名词、动词甚至象声词就够了。

不好的文案，把形容词拿掉，

就什么都没有了。

大多数形容词是不可感不可视的，

也带不来视觉。

不要把写文案变成形容词擂台，吹大牛比赛！

名词，指的是形象名词。

什么是形象名词？

如何养成"形象名词思维"，

形成肌肉记忆呢？

这不是一本书能解决的。

10

标点符号

多用句号、逗号、问号。

少用叹号、省略号、破折号。

多用句号，

多用能直接打句号的短单句。

多用逗号，

是要把长单句变成多个短单句。

多用问号，

问句一是有对象感，

二是简短，

三是更有沟通性。

王阳明的《传习录》，

其实是学生们的问号大全。

知乎的平台模式，

不过是一问一答。

新媒体时代，

感叹号和省略号泛滥。

"震惊体"滥用感叹号。

"太监体"滥用省略号。

写者笔下无，

读者心里有，

才是好的感叹和省略。

内容不够，

不要用标点符号硬凑。

破折号容易让人出戏，

能不破就不破，

能不折就别折。

"双引号 + 书名号"这对组合，

能不用还是不用。

标点符号，

标的不仅是语义和逻辑，

还有语速、节奏、韵律。

11

分行

和文案最接近的艺术形式是现代诗。

文案和现代诗一样都是分行文体，

越长的文案越要分行。

文案和现代诗一样都追求跳跃性、创造性。

文案和现代诗一样都要短——但要充分勃起！

分行，是在做听读的减法和除法。

写文案时一定要默念：

我不是在写文案，只是在写一行一行的话。

12

对联 + 成语

"7 头并进领驾时代"

——某豪华汽车品牌推广标题。

成语 + 对联 + 谐音梗,

一个标准的土味万能公式。

这个公式,成了某些文案的肌肉记忆,

一想标题,就忍不住去套。

成语、对联、谐音梗,

本身无对错高下,

但组合在一起固化下来,

就固化成了文案陋习。

学文案,要从克服这一陋习开始。

为什么?

文案是说话,是语言。

在日常生活里,

很少有人会连用成语,

说"对联式"的话。

文案是说话，

是在当下语境里说话，

而不是隔着古代文体向现代人说话。

如何破呢？

请先避开 8 字标题。

字不变，字数可以随便，

就是不要 8 个字。

2 个字：进驾

4 个字：并进领驾

5 个字：进！领驾时代

6 个字：齐并进驾时代

7 个字：齐头并进领时代

改来改去，还是不够"语案"，

但好那么一点点……

现代汉语里，

5、6、7个字的句子相对易记，

也难写一些。

如果你还视"土味万能公式"为秘诀，

那只能尊称你为"资深土豪"了。

13

减字

添字

集字

"抽积木"游戏玩过吗?

保持城堡不倒,谁抽取的积木最多,

谁就是赢家。

"成语＋对联",就可用"抽积木"来破解。

比如:中西汇萃,传世名邸。

八个字,就是八块积木。

前后各抽出一块积木,就变成了六个字:

中西汇,传世邸

——是不是没那么商业俗气了呢?

某国际豪华汽车广告语:

关爱生命,享受生活。

前后各抽掉一块积木呢?

爱生命,享生活。

哪个给人感觉更好呢?

大众汽车是懂得抽积木的,

广告语是"车之道,唯大众",

而不是"汽车之道,唯我大众"。

"此身未动，我心已远"。

抽掉"此"和"我"这两块积木，

就是大家都熟悉的那句：身未动，心已远。

积木有各种抽法，你可以抽到不能再抽为止。

"停车坐爱枫林晚"，

抽掉前四块积木，留下后三块，

就变成了：枫林晚。

这是一家汽车旅馆的名字，

不得不说，这真是个贴切的坏名字。

积木能抽，就能添。

抽积木是减字，加积木就是添字。

"耳听不再为虚"（某耳机），加了两块积木。

"沉鱼炖落雁"（某菜名），加了一块积木。

大多数时候，还是要多抽积木，少加积木。

从几个积木堆里，各取一块搭在一起，

这种方法叫"集字"。

网络自创成语，大多是"集字"而来：

普大喜奔、男默女泪、十动然拒……

"春风十里不如你",曾流行一时。

杜牧的原句是:

春风十里扬州路,卷上珠帘总不如。

抽掉了八块积木(减字),

加了一块积木(添字),

集了六个字——这并非原创,顶多算再创作。

减字、添字、集字,不限于成语、诗词。

说个操作要点:减字、添字、集字、换字,

要在大家熟悉的语言模型上进行,

否则就无法借义,成了无意义的文字游戏。

这几种游戏里,"抽积木"最重要。

减去不必要的字,能让文案更简洁;

减去必要的字,还能让文案更精彩,

这才是文案的基本技能。

文案,不仅要会"搭积木",还要会"抽积木"。

14

换字

谐音

换字，就是从搭好的积木里，

抽出一块，换上另一块。

如果两块积木是同音字，那就是"谐音"。

汉语是表意文字，经常借音，

所以同音字多多。

谐音是汉语的母胎特征。

没必要有"谐音梗"羞耻。

方法无高下，要看怎么用。

苹果的"不同凡想"，也是谐音梗。

为什么你不觉得 low？

"踢不烂"，是更 low 的音译谐音梗，

为什么你不认为烂？

好的谐音，谐的不是音，而是情和意。

情，指的是情感。

C 罗告别皇马，某自媒体标题是"后会无 7"。

C 罗在球队穿"7"号球衣，

这个"7"字就有了情感色彩，

就有了再也难见的遗憾和失落……

意是有意思，有意趣，有意义。

"踢不烂"，原本是"大黄靴"的谐音外号。

虽是外号，但说出了产品的最大特征，

既有意思，也有意趣。

品牌短视频又把"踢不烂"升华为一种精神，

让"烂梗"有了意义。

"不同凡想"，也谐出了意义。

有"情意"的谐音梗，就是再创造，

就是绝世好梗。

使用谐音梗时，有一点需注意：

同音也要同调。

只同音不同调，就会让人觉得生硬。

如：某水果摊招牌上写着"天生荔枝"，

后两个字谐音"丽质"。

"枝"是一声，"质"是四声。

两个字同音，但不同调，

怪不得看着别扭。

摊主想表达的意思可能是"野生荔枝"，

如此生硬地去谐音，

反而带歪了原意。

汉语常用字 5000 个左右，

只同音字就有 1200 多个，绕不过去的。

与其总想着绕开谐音，不如学习怎么用好。

谐音，无罪！好谐音，万岁！

找词

点思维

想文案该从哪里想起呢?

一行话,一段话?

一个层面?一种文体?

哪个先哪个后呢?

无须纠结,

想文案要从找点开始。

先确定你的诉求点,

把诉求点极度压缩。

再找你的感觉点,

把感觉点充分延展。

先不要考虑点与点怎么连接。

从面写起,是按摩。

从点写起,是认穴。

美林·香槟小镇《圣经》三部曲,

一共有二十八篇文案。

每篇文案聚焦于一个点,

每个点又细分成许多小点。

如此繁复立体的系列文案，

拆开了看，不过是一幅点阵图。

写文案没有那么复杂，

找准了点，再把点连起来就成了。

写好文案也没有那么复杂，

有一两个打动人心的点就足够了。

写父爱的文案千千万万，

你最终记住的，

不也就是"背影"这一个点吗？

点是什么？

落在语言上，就是关键词。

找点就是找词。

想文案，要从找词开始。

孤独得像根笔直的葱

名词

酵母词

找点就是找词。什么词？名词。

名词，万词之母。什么母？酵母。

找点，就是找酵母名词。

一部《三国演义》，不过"魏、蜀、吴"。

《枪炮、病菌与钢铁》，

以三个"酵母词"为线索，

揭示了整个人类社会的命运变迁。

我的美林·香槟小镇，近三万字的文案，

都是由"香槟"这一个酵母词发酵而来。

一篇文案，不过几个酵母词。

酵母词，一般是名词。

为什么不是动词、形容词？

因为延展性和支撑性不够，

结构不起一篇文案。

《七宗醉》系列，表面上看，

每篇文案都由一个形容词引领，

但这些形容词都来自酵母词。

酵母词是香槟，香槟延展出了"醉"，

又由"醉"延展出"罪""七宗罪"。

"七宗罪"延展开就是：

骄傲、嫉妒、愤怒、懒惰、贪婪、贪吃、好色。

"七宗罪"谐音"七宗醉"，

又关联回"香槟"，

这才最终有了《七宗醉》系列文案。

什么样的词才配做"酵母词"？

"酵母词"，首先是关键词，

能统领文案的主旨和诉求。

"酵母词"，其次是可感词。

够具体，有形象，可联想。

不可感就不能发酵。

什么词可感呢？形象名词。

"酵母词"，必须有丰富的延展性。

满足这三个条件的"形象名词"，

才能作为一篇文案的"酵母词"。

朱自清《背影》中的"背影",就是酵母词。

B 站《后浪》的酵母词是什么?当然是"后浪"。

先有点,再有线,再有其他。

好文案,不是设计出来的,而是发酵出来的。

17

动词
炼字

名词画龙，动词点睛。

中国文人有"炼字"之习。

炼的其实不是字，

是词。动词。

古人炼的"字"，

主要是单音节动词。

诗人贾岛在"推、敲"之间纠结，

纠结来纠结去，

不过是用哪个动词的问题。

春风又绿江南岸，

最初用的不是绿字，

曾试过到、过、入、满等字。

"绿"字不是形容词吗？

形容词当然也可以炼，

但在这句诗里，

绿是作为动词用的。

动词为什么要炼呢？

因为动词要准。

法国作家莫泊桑曾经说过：

"不论人家所要说的事情是什么，

只有一个字可以表现它，

一个动词可以使它生动，一个……"

炼字，就是找到莫泊桑所说的唯一动词。

"空气炸锅"，就是高温烤锅。

如果叫烤锅，不仅火不了，还会煳。

"烤"字炼成"炸"字，

生生炼出了一个小家电新品类。

这个炼字，价值亿金。

"淘宝"必须是"淘"，

不能是寻、挖、抢。

花生酱蘸着吃，舔着吃，

但也就是普通花生酱。

有个品牌用心炼了炼字，

说自己是"可以吸的花生酱"，

立刻有了形象差异，

建立起了品牌区隔。

可以吸着吃，

口感该有多么幼滑……

动词是一段话的灵魂，

炼对了，文案就活了起来。

"只允许五分之一的建筑房子"。

总觉得"建筑"太过冰冷，

于是炼了下字，

把"建筑"炼成了"生长"，

房子就有了生命，

整句话就有了生气。

具体怎么炼呢？
王安石的写诗过程告诉我们：
不怕错，试试试！
王安石的"绿"字还告诉我们：
名词形容词都可以作动词用，
炼字的范围还可以更大一些。

一个文案的技术水准高低，
主要看他怎么选名词，
如何用动词。
如果你用五分钟写了一句文案，
那么你至少要再用五分钟想想：
该用哪个动词？

名词画龙，动词点睛。
无眼龙是无法破壁而出的。

文案遇到动词，

一定要炼一炼。

不炼？你如何点睛呢？

不会点睛的文案，

真是"没眼看"。

18

基数词

概数词

文案要用好三类词：

名词、动词、数词。

用好名词、动词难，

数词相对容易。

数词主要有两种：

基数词和概数词。

基数词是：一、二、三、四、五……

日常使用时，

大多都用阿拉伯数字来代替。

概数词，是表示大概数目的词。

如：一些、很多、成千上万、四十左右……

"用好数词"，指的是哪种呢？

基数词。

为什么不是概数词？

基数词比概数词更具体更准确，

因此也更真实可信。

"充电五分钟，通话两小时"，

这句中的"五"和"两"是基数词，不是概数词。

如果用概数来表达呢？

"充电很少，通话很多"

"充电五分多钟，通话两个小时左右"

是不是听着就不靠谱？

"在时速 60 英里的劳斯莱斯汽车中，

最大的噪声来自电子钟的嘀嗒声"。

文案里的 60 英里，其实是估算，

更准确的说法是：60 英里左右。

有时候，即使概数词更接近事实，

你也不能直接使用，

而要把它伪装成一个基数词。

不信，

你把"60 英里"改成"60 英里左右"试试?

某故事书名为《成百上千个夜晚》,

你有兴趣读吗?

成百上千是概数词,换成基数词呢?

那就是《一千零一夜》。

只看名字,你更愿意翻开哪本呢?

如何表达"孤独"?

用概数词来写:"孤独只适合独享。

此刻,我正独享着我的百年孤独。"

一句不错的双关句。

句中使用了"百年"这个概数词。

《百年孤独》够厚重,

但还是让人觉得虚,

"我"具体有多孤独呢?

用基数词来写:"你问我孤独是什么?

一瓶 250ml 的点滴，滴了 3396 下。"

这也太具体了吧！"孤独十级"有没有？

"250ml"和"3396 下"，都是基数词。

两句比一比，哪个更让你感同身受呢？

有一种情形，要反过来操作。

如果要用的基数词过于复杂难懂，

那就要用概数词代替基数词，

从而降低理解成本。

比如：我把"18.3%"换算成了"五分之一"；

苹果把"5GB 185g"换算成了"一千首歌"。

前者是基数词，

后者是概数词。

哪种说法能让人"秒懂"呢？

概数词有一个优点：理解成本基本为零。

第一法则是什么？忘了吗？

好文案，是 99% 的"名词 + 动词"，

加上 1% 的数词。

19

语气词

许多文案听起来太假,

原因有二。

1. 语气词过多

语气词用得太多,

不该"气"的地方硬要"气",

搞得写文案像是练"气"功。

网络语言的一大特点,

就是滥用语气词,

但那仅限于社交语境。

写文案,不能不用语气词,

但能少用就少用。

问号、叹号自带语气。

非要使用语气词,

先看看能否用标点符号来代替。

2. 用力过猛

啊啊啊啊……

哈哈哈哈……

嚓！哐当！

切忌过度夸张地使用语气词。

不要给语气词硬加"字效"或"音效"。

另外，遇到语气词要轻读，

不要重读。

除了综艺文案，

字幕里的语气词越少越好。

语气词过多，用力过猛，

语气就会失真。

日常生活里，人们常通过语气来感受真假，

而不是根据内容判断真伪。

语气假了，

内容再真也显得假。

文案的语气过重，

就如同一个人口气太重。

有些文案，该喷一下口气清新剂了。

20

拆字
拆词

每个汉字都是一块积木，

把这块积木拆开，

你会发现更多的小积木。

我们常说：儿女双全凑成个"好"字，

"忍"字头上一把刀……

拆字，把字拆开了再解释。

曹雪芹是拆字大师，

金陵十二钗的判词，

基本都是谐音＋拆字。

如王熙凤判词：

凡鸟偏从末世来，都知爱慕此生才。

一从二令三人木，哭向金陵事更哀。

拆了哪两个字呢?

凡鸟为"凤"字，人木为"休"字。

字能拆，词就更不用说了。

有舍才有得（舍得酒）

BMW 全称为

巴伐利亚发动机制造厂股份有限公司

（德文：Bayerische Motoren Werke AG），

被网友用曹公手段，玩成了：别摸我。

就连宝马自己也拆了起来，

把 BMW 拆成了"爸妈我"，

还专门拍了个短视频。

拆字拆词，拆的究竟是什么呢？拆的是义。

拆字拆词，是夹带私货的艺术，

拆来拆去，最终讲的是自己的道理。

高级的拆字拆词，不仅能拆出道理，

还能拆出情趣，拆出意境，拆出画面来。

林语堂曾这样拆解"孤独"：

这两个字拆开来看，

有孩童，有瓜果，有小犬，有蚊蝇，

足以撑起一个盛夏傍晚间的巷子口，

人情味十足。

稚儿擎瓜柳棚下，细犬逐蝶窄巷中，

人间繁华多笑语，惟我空余两鬓风。

——孩童水果猫狗飞蝇当然热闹，

可都和你无关，这就叫孤独。

这就是大师级拆词。

有情趣，有意境，有画面，

从孤独里拆出了美好。

汉语最神奇之处是有内外两个宇宙。

写文案，外求不得时，

你不妨拆一拆，向内宇宙求解。

21

词的性别
词性活用

名词是男的？形容词是女的？

都是，都不是。

汉语词经常跨性别，性向是流动的。

利用词性的不稳定来做文章，

就是词性活用，或者叫词类活用。

仙侠小说有个高频词："生死人，肉白骨"。

"生"是形容词作动词用，

"肉"是名词作动词用。

"春风又绿江南岸"的"绿"字，

也是形容词作动词用，

意思是"让……变绿"。

绿，既是名词又是形容词。

绿茶，是名词，

但在社交网络中，常当作贬义形容词来用。

"绿茶"还是家餐厅名字。

今天"绿茶"一下？

意思是去"绿茶"吃个饭，

名词作动词用。

"百度一下，你就知道"，

这里的百度，也是名词作动词用，

指的是"用百度搜索一下"。

做品牌的最高境界，

就是品牌名被当作动词和形容词来用。

"今天淘宝一下呗""看起来很爱马仕"

"这很华为"……

聪明品牌，会主动引导用户"词性活用"品牌名。

动词作形容词的比较少，但也有。

比如："她很会"，这个会，

就是动词作形容词用。

词性活用，不限于名、动、形。

就连象声词也可作动词用。

"滴滴一下，马上出发"，

可以把"滴滴"当名词，名作动，

"用滴滴软件叫个车"；

也可以把"滴滴"当作象声词，

那就是象声词作动词用了。

词性活用，可以让语言更鲜活灵动，

也是文案用来增加记忆锚点的手法之一。

第三部语法的定义是什么？

是活用形象语言，

来进行情感说服的语法。

如何活用形象语言？词性活用就是方式之一。

汉语是动态骚语言，要摒弃直男直女思维。

好文案，又直又弯。

22

词的色彩

易色

文案是情感说服。

如何使用情感词，成了文案技术的试金石。

大多数词语是中性词，

少数词语感情色彩强烈。

情感说服就要大用特用情感词吗？

恰恰相反，要想情感说服，

先要学会克制情感。

克制情感，就要慎用情感词。

首先，戒掉副词四件套：

太、很、十分、特别。

离开四件套，就表达不了情感，

那说明你有"情感表达障碍症"。

用副词加强情感强度，是用蛮力。

情感不是棒球，大力出不了奇迹。

其次，慎用褒贬强烈的词。

非要用，就反着用。

"像恨它一样开它"（兰博基尼），

这么狂野扛造的超跑，怎能不爱？

"我害怕阅读的人，

他们知道无知在小孩身上才可爱，

而我已经是一个成年的人。

我害怕阅读的人，

他们懂得生命短，

人总是聪明得太迟。

我害怕阅读的人，

他们的一小时，就是我的一生。

我害怕阅读的人，尤其是还在阅读的人。"

（远见·天下文化）

嘴上说害怕，内心满满的崇敬和羡慕。

反向表达情感，效果加倍。

反向表达情感，好奇代替了质疑，

无形中绕过了"可信"门槛。

如何转化词语的情感色彩？

其实有一个专门的修辞格，

叫易色。

易色分几种，最常用的是"易贬为褒"，

"易贬为褒"，就变贬义词为褒义。

"把时间浪费在美好的事物上是值得的"

——茨威格

"浪费"是贬义词，但在这句话里是褒义。

我的《七宗醉》系列，

把"骄傲、嫉妒、好色……"七个贬义词，

易色为褒义，还连续"易"了七次，

这算示范到家了吧。

文忌直，情贵曲。

情感说服的诀窍：隐藏转换自己的情感，

从而感染调动对方的情感。

好文案本性好色，但要谨遵色戒。

词的引申

23

同词异义

人生的第二部语法：书面语法。

书面语法教的是什么？

如何使用词语的常用义。

一枚专业文案，

不仅要掌握词语的常用义，

还要能活用词语的引申义。

什么是引申义？

我的定义是：由常义生别义。

刷微博看到一句话：她真的是白呀，

难怪她总是说自己"肤浅"。

"肤浅"的常用义是见识浅薄，

在这句话里引申为了"皮肤白"。

"皮肤白"就是"肤浅"的引申义。

网络制造流行语的一个主要手段，就是引申。

"真香"，来自某综艺节目。

节目里的原义是"味道真香"，

这也是"真香"的常用义。

传到网上，就被引申为：

"做了自我打脸的事"，并大肆流行了起来。

社交媒体上常说的"白月光"，

引申自张爱玲小说里一句话：

"白玫瑰，还是床前明月光。"

引申后的"白月光"不是指白色的月光，

而是指得不到的理想型。

汉语的语义是动态的。

任何一个词，高频地被引申，

引申义就会代替常用义，

成为新的常用义。

常用义和引申义，一直在不停地转化……

"钻牛角尖儿，放鸽子，耍手腕儿，画大饼，

吃瓜……"

这几个词语的常用义还有人记得吗？

现在用的都是它们的引申义。

用得多了，引申义也就成了新的常用义。

理解了汉语语义的动态性，

身为文案，就要随时更新自己的语义库了。

如何活用引申义？

一是反差式引申。

三宅一生，著名设计师，

这是它的常用义。

把"三宅一生"用在售楼广告里，

就引申为了"能住一辈子的三居室"。

反差即效果。

常用义和引申义反差越大，

引申的效果就越好。

第二个手法是"同词异义"。

同词异义，就是同一句话里，

同时使用一个词的常用义和引申义。

"别说你爬过的山，只有早高峰"（MINI）。

前一个"山"字，用的是山的常用义，

意思是山峰。

后面的"峰"字，用的是引申义，

意思是交通拥堵指数高。

山和峰本是同一个词，

但在这句话里，语义是不同的。

"年轻人不怕菜，就怕不吃菜"（菠蜜果菜汁）。

第一个"菜"用的是引申义，指性格软弱。

第二个"菜"用的是常用义，意思就是蔬菜。

"菜"字没变，但语义变了。

同一个词的不同语义，出现在同一句话里，

就能制造出"语义突转"的效果，

让文案变得更有戏剧性，也更容易被记住。

我曾说：文案要有语言自觉。

有的文案写了一辈子，还是不太自觉。

这句话也用了"同词异义"手法。

你说说，哪个是常用义，

哪个是引申义呢？

陈述句

疑问句

祈使句

感叹句

省略句

句式有几种？分类不同，数量就不同。

不必讲什么方法，常用句式就五种：

陈述句、疑问句、祈使句、感叹句、省略句。

讲标点符号时说：少用感叹句和省略句。

祈使句也要少用。

祈使句不是请求就是命令，

单向交流，带有一定的强迫性。

这三种句式要少用，不是彻底不用，

而是不轻易用，也要看怎么用。

"当我坐在钢琴前时，他们都笑了，

但是当我开始弹奏时，他们……"

（美国音乐学院）。

悬念式省略，有读下去的欲望。

不是为省略而省略，

不是"朋友圈"里那些故弄玄虚的省略。

"just do it"（耐克）。

有共鸣的祈使就是号角，让人追随；

没共鸣的祈使就是打扰，让人抗拒。

"太好逛了吧！"（淘宝）。

模仿"亲们"的口吻来感叹，

而不是文案自我感叹。

感叹要由衷，不能自嗨。

祈使句、感叹句、省略句，

如果用不出彩来，那就不如不用。

多用陈述句和疑问句。

陈述句自带客观性，真实可信。

疑问句互动性强，容易代入，

但问题问得要准。

知乎十周年形象片《有问题，就会有答案》，

可称为一次史诗级疑问句示范。

"……有人举手发问谁能帮中国

拿一个诺贝尔文学奖？

莫言举手作了回答

有人举手发问盐碱地里能不能种出水稻？

袁隆平举手作了回答

很多人举手发问除了京剧、功夫和中餐

我们还有什么东西可以分享给全世界？

刘慈欣举手作了回答

全世界举手发问一个国家

最宝贵的财富是什么……"

文案，不要急着做句式党。

先学会用好陈述句、疑问句，

才是其他。

选择句

假设句

排比句

复沓句

天天看金句句式，

为什么还是写不出金句？

因为你没明白句式真谛。

选择句不是真的要选择，而是没得选。

要么瘦，要么死。（某女星）

怎么选？想活吗？

要么买劳斯莱斯炫富，

要么买大众甲壳虫致富。（大众）

谁不想致富呢？

对比句不是真的要对比，而是没得比。

别人在论坛抢沙发，我在陌陌找沙发。（陌陌）

做愤怒的键盘侠？还是香艳的"沙发客"？

多数人知道，少数人了解。（保时捷）

哪句是绿叶？哪句是重点？一目了然。

假设句不是真的要假设，而是要强调。

东风不与周郎便，铜雀春深锁二乔。（杜牧）

天气预报不准的话，后果多么严重。

"如果失去联想，世界将会怎样？"

假设是否成立不重要，

想强调的是：世界不能失去联想。

排比句不是真的要比排，而是要升华。

"因为我没有像我应该的那样经常说谢谢你

因为今天是父亲节

因为假如你不值得送

CHIVAS REGAL 这样的礼物

还有谁值得？"

通过几十句爱的排比，

把对父亲的感恩升华为深深致敬。

丘吉尔二战演讲，

不停地排比"他们在战斗"，

用战士们的坚定勇敢激励人心，

把演讲主题升华为——"我们为正义而战"。

复沓句不是真的要重复，而是要递进。

"寻寻觅觅，冷冷清清，

凄凄惨惨戚戚。"（李清照）

一字一重复，情绪却在层层推进。

"大人不穿西装，大人物穿西装。"（某电视剧）

有了大人的铺垫，大人物才好穿着西装出场。

"你可以轻易拥有时间，

但无法轻易拥有江诗丹顿。"（江诗丹顿）

否定式复沓句。

江诗丹顿比时间还珍贵——"轻易"中，

就进阶了。

写金句靠内容，差内容配好句式，

依旧是个差句子。

不要迷信模板、模型、公式、句式。

文案属文科，不是数学。

填填空就能写出好文案，

那还要文案干吗？

否定句

26

矛盾句

反转句

文案，有三项"黑科技"技能：

否定式肯定句、

矛盾同一句、

反而不转的反转句。

不是真的要否定，而是要肯定，

这就是否定式肯定句。

你从来没有真正拥有过一块百达翡丽，

你只不过在为下一代保管它。

在否定之中，

更加肯定了百达翡丽的价值。

没有一种身材是微不足道的。（内外）

否定之否定，双重否定就是肯定

——不要身材焦虑，

每一种身材都值得称道。

用否定来肯定。

如果你还不会，

那就先从"双重否定句"练起吧。

矛盾同一句，就是用矛盾词来说"同一"意思。

如何"同一"呢？

偏重于其中一方，就"同一"了。

少即是多。（密斯·凡·德·罗）

少和多是矛盾词。

"少即是多"的意思没啥歧义，

就是要"少"。

自律给我自由。（KEEP）

自律和自由是矛盾的，这句话偏重矛还是盾呢？

APP 健身最大的痛点是什么？

当然是"自律"。

无目的本身或许就是目的，

无预期才能超出预期。（左岸咖啡）

偏重于哪方？不难判断吧。

"你的沉默震耳欲聋"（孤勇者）

偏重的不是"沉默"的隐忍，

而是"震耳"的孤勇。

我常跟学生说："错误会给你正确答案。"

错误和正确是矛盾词，

我想表达的意思一点不矛盾，

那就是：多去试错。

反转句不是转折句。

有的文案不会反转，

是因为混淆了这两个句式。

转折句有转折关联词，

"但是、可是、然而……"

使用转折关联词，相当于打预防针，

结果还没出现，就有了心理准备，

也就没了"反转感"。

反转句一般不用转折关联词，

顺着心理预期走，

但结果却出乎意料，打破了预期。

我们总是能善待毫不相关的人。（王尔德）
要善待的不该是关系亲密的人吗？
结果却是毫不相关的人。
句中没用转折关联词，
原地就反转了啊。

"我不在咖啡馆"，那在哪儿呢？
心理预期：写字楼？健身房？
后半句打破了预期："就在去咖啡馆的路上"。
"不、就"是选择关联词，不是转折关联词。

"她四百岁，正值妙龄"（星河湾）。
四百岁的古树，饱经沧桑才对，
怎么正值"妙龄"呢？
预期破功了，反转就成功了。
"反而不转"才能让人猝不及防。

"反而不转"才能把反转效果拉满。

"不转",是指不使用转折关联词。

"你们整天黑灯瞎火搞科技,

搞的真是'黑科技'呀!"（某脱口秀）

文案们,关灯,搞起!

27

语位：

字 词 句

字、词、句，都是语言的"用语单位"。

汉语无定法。

实际运用时，不同的用语单位，

是可以相互转换的。

字、词，多用于纯阅读情景。

句，则自带语气，

有对象感，更有社交性。

一般情形下，用语单位越小越好。

指导一个学员写电竞海报。

他写的标题是：神秘揭幕，一决雌雄。

首先，我让他拿掉"成语＋对联"，

把短句降成词。

于是，他改成了"揭幕，争雄"。

八个字删掉四个字，

两个短句降为了两个词。

我觉得还能更简洁，继续降！

看能不能把词降为字。他就降不动了。

最后，我把标题改成了："雌？雄？"

同一个意思，

用"字、词、句"都能表达的时候，

就要试着降降"位"。

用语单位越小，语言的沟通面就越小，

表达也就越有力量。

"文案是听读的减法和除法"。

减法是删字删词。

除法呢？

除法就是降位——降低"用语单位"。

很多文案只会做减法，不会做除法，

所以总是删不动。

哪个用语单位，文案用得最多呢？

短句。复句为长句，单句为短句。

我说的"短句",是指比单句更短的短单句。

文案是语案,文案是说话。

日常交流中,我们说得最多的也是短句。

社交媒体,也在肉眼可见地"短句化"。

会做减法的文案,好于会做加法的。

会写短单句的文案,好于会写长复句的。

"语位",是一个被忽略的重要概念。

文案不懂"语位",

文案就写不到位。

28

升位：

扩词为句

（短句化一）

自媒体标题越来越长。

2014 年 10~13 个字。2015 年 15~18 个字。

2016 年 18~20 个字。

私密性 + 沉浸度，

与文案可容忍长度成正比。

手机改变了媒体，

提升了听读的私密性和沉浸度，

也扩容了标题的字数。

"独生子女不敢死、不敢穷、不敢远嫁，

因为父母只有我"

——这一刷屏标题长达 21 个字，

使用了 5 个短句。

纸媒时代，可能只要两个词就够了：

独生子女，不敢……

两个词就能搞定的事，

为什么非要用 5 个短句呢？

因为自媒体是情绪化阅读，

短句比词更利于情绪的拉伸和爆发。

写文案，先要找到酵母词。

确定了酵母词以后呢？

要扩词为句，把一个词扩为多个短句。

"独生子女"是这篇推文的酵母词。

由独生子女延展出了"不敢"这个词，

由"不敢"又延展出了"死、穷、远嫁"。

把这几个词扩词为句，

就得出了"5个短句"，

也就有了上面的标题。

讲一个实操技巧：

即使你要写的标题是个长复句，

扩词为句时，也要先扩成几个短单句，

然后再进行下一步操作，而不是反过来。

为什么不能"先句后词"呢？

当然可以，但那是对熟手而言。

对于新手，想文案时，

先要用词把"点"固定住，

然后再把词扩成句，

这样才不容易乱掉。

句的焦点不如词清晰，

还带语气带情绪，容易把文案带偏。

好短句，是由词扩出来的，

而不是由长复句删改出来的。

扩词为句，是"升位"。

构思文案时，多"升位"。

修改文案时，多"降位"。

升降其实不重要，重要的是写出漂亮的短句。

29

降位：

拆复为单

（短句化二）

自媒体标题字数多了,

但句子还是要短。

自媒体标题要多用短单句,

少用长复句。

上个标题,如果改成长复句呢?

"因为父母只有我这个独生女,

所以我不敢死、远嫁、穷"。

这么改,恐怕就成不了爆款标题了。

某学员准备发一篇介绍苏东坡的推文。

标题是这样的:

"尽管大文豪苏轼以诗词闻名千古,

但他志在仕途投身宦海 40 年,

官至礼部尚书却遭断崖式贬职"。

这是个糟糕的"长复句标题",

语法不通,

还又臭又长又无趣。

那么，如何"拆复为单"救它一命呢？

我这样改：

"官至正部级，

6 年内却连降 14 级，

大宋第一文案苏轼，

经历了什么？"

这么一改，清爽些了吧？

是不是还有了故事感呢？

意思还是那个意思，

也没用什么复杂技巧，

我只是简单地把"长复句"

降位成了"短单句"。

文案既要"扩"，

也要"拆"。

世界上所有的长复句，

都可以拆成几个短单句。

如果拆不动，那就使劲拆！

30

语序

继续玩游戏。

游戏名：挪积木

规则：保持现有积木不变，

只许挪动积木的位置。

汉语没有严格的语序。

汉语是孤立语，

靠语序和虚词来体现语法关系。

这一母胎特点，导致了汉语语序异常灵活。

灵活到什么程度呢？

同一个词，放在不同的位置，

就可以充当不同的语法成分，

表达不同的意思。

你爱我，我爱你，爱你我，你我爱……

语序随意切换，主谓宾自由游走。

古人们甚至发明了"回文诗"这种文体，

专门来玩"语序游戏"。

《菩萨蛮》纳兰容若

雾窗寒对遥天暮，暮天遥对寒窗雾。

花落正啼鸦，鸦啼正落花。

袖罗垂影瘦，瘦影垂罗袖。

风翦一丝红，红丝一翦风。

还是那几十个字，正着读能通，

反着读也通，放在一起还是一首好词。

最变态的是《璇玑织锦诗》，只有 841 字，

竟能读出 7000 多首诗。

按照不同的语序来读，

读到的诗就不同，

汉语和其他语言有什么不同？

读读这首"千古第一奇诗"就明白了。

好文案，懂语序。

"全球通，通全球"

"没事多喝水，多喝水没事"

两句都是"半回文"形式，

朗朗上口，听一遍就记住。

（我的"回文诗"案例，附在书后。）

有时候，一句平平无奇的话，

改变一下语序，就丑小鸭变天鹅了。

奔涌吧！后浪（B站）

谓语前置，充满势能。

恢复到常规语序呢？

后浪，奔涌吧！就泄气了。

云上的日子，你我共享（百度云）

是宾语前置，前置了美好，

同时凸显了"云"这个产品。

常规语序：你我共享云上的日子。

有点书面语，就连重点都模糊了。

"好空调，格力造"。

先把一个完整的句子，

拆成了两个短句，

再对调了一下两句的语序。

"好空调"是宾语，也是诉求重点，

放在最前面，让焦点更清晰。

"造"是动词，放在最后，

增加了力量感和信心感。

如果不改变语序，

就是"格力造好空调"。

语序不同，效果就大不同。

你不妨大声念出来，比较一下。

为什么感觉汉语不太靠谱呢？

词性、词义、语位、语序、语法，

都是动态的。

感觉没错，汉语是门活语言。

活语言就要活用，

《小丰现代汉语广告语法辞典》讲的就是：

如何活用活语言。

第二部语法，收你入监。

第三部语法，教你越狱。

31

语速

节奏

语速就是说话快慢。

语速形成了规律，就是节奏。

社会节奏越来越快，

人的说话速度也越来越快。

1950—1960 年，

新闻播音员语速每分钟 160~180 字。

1980 年，每分钟 220~240 字。

1990 年以来，300 字 / 分钟。

文案，也在提速。

不过，文案切忌使用播音员的标准语速。

标准语速，意味着没有高低起伏，

始终是一条直线，也就没有节奏。

文案是语言的歌手，不是播音员。

文案的语速一定要"非标化"。

内衣品牌 NEIWAI（内外）的短视频，

以现代女性的独白为主，

语速就慢，只有慢才走心。

B 站《后浪》短视频，是演讲体文案，

语速跟随着情绪时快时慢，

是一个学习掌握语速的好范本。

失速，也是一种语速。

"羊羊羊，羊羊羊，羊羊羊"，语速短急。

标版广告时间太短了，但总算抓住了节奏。

许舜英的长文案有一种失速感，

不是真的失速，而是故意为之。

自金斯伯格的《嚎叫》面世，

失速就成为后现代主义语言的一大特点。

语速，绝不是文案自己所习惯的速度。

语速，要根据说话对象和内容来定制。

文案没有语速感节奏感，

就像摇滚乐没有鼓点，

会逼人提前离场的。

写文案前，要综合各种因素，

设定一个适宜的语速。

文案写完后要念出来，

然后依照念出来的语速，

来调整文案。

切记切记：语速"非标化"，不做播音员。

语调

低调

语调过高，

是因为把听众个数搞错了。

如果你脑海里始终有个大广场，

坐着一群人，

那你就只能做一只高音喇叭。

大多数时候，

文案的听众只有一个人。

手机是听读文案的主入口，

在入口处探头探脑的，

也只有你自己。

电梯广告是几个人在看？

还是你一个人。

即使你和同事一起坐电梯，

也是各看各的。

人数搞对了，

语调自然也就低下来了。

有个说法，

语调和价格呈反比。

君不见，商品越是廉价吆喝的调门就越高？

文案允许适度夸张，

但不要在语气、语调上过度夸张。

有经验的文案都知道：

内容要高调，

语调要低调。

大多数时候，

文案是一对一的艺术。

请把你的文案调门降下来。

离开大广场，砸碎大喇叭！

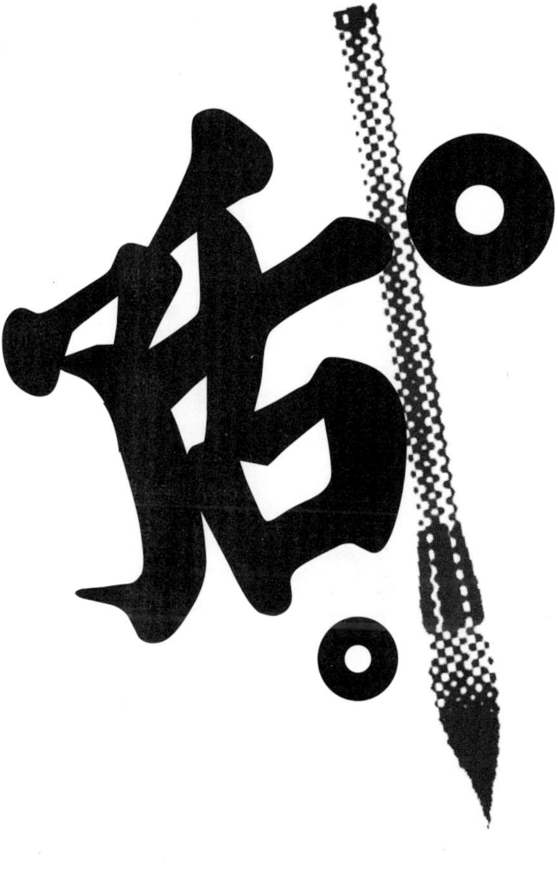

33

语体

体变

语言学扫盲。

给"语盲"扫扫盲。

文案以语言为生，

天天学品牌学营销学广告，

偏偏不学语言学。

什么是"语体"？

"语体 (a register of language)，

就是人们在各种社会活动领域，

针对不同对象、不同环境，

使用语言进行交际时所形成的常用词汇、

句式结构、修辞手段等

一系列运用语言的特点。"

——这是语体的标准定义。

语体具体是什么呢？

"语体分为口头语体和书面语体两类，

其中口头语体包括谈话语体和演讲语体；

书面语体又分为法律语体、事务语体、

科技语体，政论语体、文艺语体、

新闻语体、网络语体、广告语体八种。"

文案该使用哪种语体呢？

大多数文案，一辈子都在用广告语体。

文案水平和广告语体成反比，

文案要少用慎用广告语体。

为什么呢？

因为广告语体已经没有信任度，

越来越被大家抵制。

运用语体的重要手法是"体变"。

简单地理解：

"体变"就是用"另一种语体"写"这一种语体"。

许舜英为某女鞋写的文案：

如果缺少三维空间的诠释能力，

鞋跟高度只是虚荣的数字。

了解人体工学和航太力学，

才能成功制造一种性感。

没有经过细腻的几何逻辑推演，

再迷人的线条也无法结构出流动的魅力。

只有不断实验材质与配色的新可能性，

才能说出更进化的美学语言。

真正让女人沉溺的鞋子，绝不只是外表。

"三维空间""人体工学"

"航太力学""几何逻辑"，

通过这些语言，

可以判断出这段文案使用的是科技语体，

而不是广告语体。

用科技语体来写广告语体，

就是"体变"。

"世上最遥远的距离是碰了杯，

却碰不到心"

"懂的越多，能懂你的就越少"

江小白的这些鸡汤诗句，属于文艺语体。

用文艺语体来卖酒，也是"体变"。

"山色三分，湖光八钱。

夕阳一枚枫林微熏，月亮半片清波慢炖……"

我为某景区写的文案，

套用了中药药方的写法，

算是事务语体"体变"广告语体吧。

《后浪》是用政论语体"体变"广告语体。

这些案例，

都在想方设法把广告语体"体变"掉。

广告语体，连广告人都腻歪，

更不要说"出圈"了。

"体变"，是文案出圈的重器。

最好的广告不像广告，

最好的文案不像文案。

文案要想"出圈"，从抛弃广告语体开始。

34 语境话题

汉语是高语境语言。

语境，即语言环境。

语言性语境，是指上下文和前言后语。

非语言性语境，

包括对象、时间、场合、情景、风尚、习俗等。

高语境语言，主要是就非语言性语境而言。

高语境意味着，

语言表达易受"场外因素"的影响。

某网红因牵涉进一桩丑闻，

发了篇澄清小作文，

说自己会"娓娓道来"，

让网友们"洗耳恭听"。

这不仅是用词不当问题，

而是搞错了语境，想不翻车都难。

某招聘网站请了一帮大佬，

对着镜头说："不要做广告。"

短视频原意是：

广告人不要随便找工作，要找就找靠谱的。

那为什么会遭到差评呢？

因为发布的时间错了。

行业不景气，各公司大裁员，

找份工作"保命"都殊为不易，

在这样的社会大语境下，

一帮大佬还来搞"劝退式广告"，

就有点"何不食肉糜"的味道了。

语境不对，文案全废。

话题文案，典型的高语境语言。

每个火爆的话题，

都是成功利用高语境的典范。

所谓"蹭热"，蹭的其实是语境。

语境一旦低下来，热点就冷了。

想要写好话题文案，就要捕捉高语境时刻。

高语境时刻 1：节日

B 站在五四青年节这天发布了《后浪》，

引爆了"青年"话题。

《后浪》大获成功后，

每年五四青年节，B 站都会发布一条短视频。

B 站不仅利用高语境时刻刷了流量，

还把"五四"这个高语境时刻据为己有了。

节日话题，实质是情感共鸣。

抓住情感，才能抓住话题。

高语境时刻 2：节气

中国独有的高语境时刻。

某汽车品牌在临近"小满"时，

发布了某大明星做的广告，

立刻引发了全民热议。

本来是一个高分话题，却因为原创问题，

走向了另一个话题。

二十四节气，

是古人给我们留下的高语境时刻。

节气话题，实质是文化共鸣。

抓住节气背后的文化，才能让人共鸣。

高语境时刻 3： 节庆

节庆，是指品牌自创的高语境时刻。

"双十一""6·18"不都是自创节日吗？

可口可乐不仅喜欢搞周年庆，

甚至还专门为饮料玻璃瓶，

拍了百年华诞纪念片。

节庆话题，实质是品牌共鸣。

没有品牌效应，就无法自造高语境时刻。

话题存活在语境中。

一个文案高手，

必定是个出色的时间捕手。

谈到话题，两个小忠告。

1. 慎蹭热。

大家都来蹭的时候，热点就快凉了。

2. 少对立。

人为制造各种"对立"，早晚会被各种孤立。

语言生而自由，却又无往不在语境中。

35

通感

（修辞1）

修辞，值得专门去讲。

简单讲两个冷门修辞格：通感和陌生化。

通感为什么特殊？

因为要打破感官的次元壁。

大多数修辞格，是千里眼、顺风耳。

通感，则是手中眼、耳中鼻。

人类有五感：

视觉、听觉、味觉、嗅觉、触觉。

通感，又叫移觉，

就是用一个感官的感觉，

来说另一个感官的感觉。

"风景是心灵的绿茶"（万科青青家园）

——风景是视觉的，绿茶是味觉的。

用舌头的味觉，去说眼睛的视觉，

这就是通感。

某品牌的口红名叫：迷离耳语。

耳语是听觉，口红是视觉，

这个名字是移听觉说视觉。

"我闻到了那明亮的寒冷"（《喧哗与骚动》）。

寒冷是触觉，明亮是视觉，闻是味觉，

三大感官居然被福克纳的一句话打通了。

"甜若爱情，苦若生命，黑若死亡"

（圣罗兰·黑鸦片香水）。

香水是嗅觉系，甜、苦属味觉，黑属视觉。

这是高级的复合通感，

移味觉、视觉来说嗅觉。

如此丰富复杂的味道，你闻出来了吗？

通感怎么通？神似才能通。

写通感，先要找到两种感觉的神似点。

注意！感觉必须来自不同感官。

还请注意！神似，不是你觉得"似"就"似"，

听的人懂了，才算"似"。

通感不是永久性的，而是有保鲜期的。

"味同嚼蜡"，移味觉说嗅觉；

"口若悬河"，移视觉说听觉；

"内娱甜妹"，移味觉说视觉。

这些说法都运用了通感，但你肯定无感了。

人人挂在嘴边的通感，

就只有"通"，没有"感"了。

由此可见，文案不仅要会用通感，

还要保证通感的"新鲜"。

写文案，不仅是用手写，

还要用"耳朵、眼睛、鼻子、

舌头、皮肤"来写。

打通"五感"，你才迈入文案的"小神通"境。

36

陌生化

（修辞2）

陌生化，

其实不是具体的修辞格，

而是一种修辞手法和修辞效果。

陌生化，和自动化相对立。

陌生化，就是反自动化，

让语言重获新鲜感和陌生感。

文案最怕的四个字是：熟视无睹。

怎么破？陌生化。

从技术上说，

陌生化并不复杂，

就是"老积木和新积木再组合"。

让两个陌生的词相遇、恋爱、成家，

从而结晶出新的词组或短语，

就是陌生化。

养生和朋克是一组有冲突的词，

重组在一起，就产生了一个新词组：

"养生朋克"（同仁堂）。

貌似不通，实则神通。

都市压力男女，

既要释放又要治愈，

本就如此矛盾着……

"当我不小心闯对路，

又认真地迷过路……"（踢不烂）。

不小心才会迷路，

认真了才能对路。

作者故意打破了阅读惯性，

把不小心和认真互换了位置，

让语句变得新鲜微妙起来。

汉字就是积木。

无须墨守成规，

积木之间可以自由组合。

陌生化是"组"出来的，

你不妨多组组，

画风不对就"下一组"。

使用陌生化，两点需注意。

1. 陌生化，并不是越陌生越好。

词的组合是陌生的，

组出来的意思却要是熟悉的。

即使不是很熟悉，但想一下就能通。

2. 陌生化，追求化学反应。

能组合出"1+1 > 2"的化学效果，

而非简单的物理"重组"。

李清照的"绿肥红瘦"，

就是符合这两点要求的陌生化典范。

其实，我们一直在对抗语言的自动化。

日常交流中的陌生化并不少见。

如：微笑抑郁症、

臭宝、多巴胺穿搭……

通感和陌生化，

两个相对冷门的修辞手法，

在商业文案中，

貌似用得还比较少。

写文案，还是要讲点哲学的：

别的文案常用的，少用。

别的文案不太用的，大用特用。

那一年**&**许文强他弟

37

场景
情景

场景，文案必杀技。

很多文案并不知道，

纯场景没有意义，

文案要掌握的不是场景，而是情景。

情景，就是"带情感的场景"。

如何才能写好情景呢？

记住八个字："场中有人，景中有情"。

场景文案：吃火锅，就喝王老吉。

情景文案：怕上火，喝王老吉。

第一句，纯场景，客观性描述。

第二句，多了一个"怕"字，

就有了人，有了情，场景就转化为了情景。

今年过节不收礼，收礼就收脑白金。

过节送礼本是个情感场景，

但这句话的重点是"脑白金"，

没什么情感色彩。

同样是给老爸送礼，

情景文案会怎么写呢？

芝华士父亲节长文案，

排比了从小到大几十个生活情景，

场场有人，句句带情——这才是情景文案。

如果改成纯场景文案呢？

今年老爸不收礼，收礼就收芝华士……

场景，情景，一情之差，大相径庭。

"场中有人，景中有情"。

但不能只有人，没有情。

"浪迹天涯，四海为家"，

有场景，也有人。

但这两句大俗话，

激不起什么情感反应了。

这就是"只有人，没有情"。

如何变场景为情景呢？

MINI 这样说："浪迹天涯，四海为家，

你在副驾"。

浪子变情种，从此……

这句文案，还使用了较高级的"缩景"手法。

"浪迹天涯，四海为家"，是两个大场景；

"你在副驾"，是一个小场景。

把几个大场景，收缩进一个小场景里，

就是"缩景"，

类似于电影语言里的后拉长镜头。

原以为是跨时空的大场景，

直到看到"副驾"一词，

才发现"天涯"和"四海"，

不过是驾驶场景而已。

情景 = 场景 + 人 + 情。

营销界言必称"痛点场景"。

痛了，就能带来情感，

有情感，场景才能变情景，

来看看 ubras 的痛点文案：

因为，只要多一件不勒人的"无尺码"

就会少一个老去洗手间解开背扣的她。

多一件稳稳承托的"软支撑"

就会少一个习惯于捂住胸口小步碎跑的她。

多一件保暖又得体的"肌底衣"

就会少一个在冬天时刻提醒自己

要隐藏袖口的她。

在夏天，多一套会降温的"小凉风"

就会少一个偷偷躲起来擦汗的她。

在家里，多一件带"胸垫的家居服"

就会少一个开门取快递时还要遮遮掩掩的她。

在健身房、在大学操场、在江边的跑道，

多一件"前拉链式运动内衣"

就会少一个觉得脱件内衣

比跑上 1 万米更费劲的她。

一幕幕女性生活场景的背后，

是烦躁、窘迫、害羞、焦虑等情绪。

不是这些场景，而是这些场景自带的情绪，

引发了女性的集体共鸣。

世上没有什么"痛点场景化"，

只有"痛点情景化"。

文案是什么？情感说服。

不作用于情感的场景，

只是描写，不是文案。

从今天起，请言必称"情景文案"。

38

故事

《人类简史》告诉我们，

人类是听着故事长大的。

人类的大脑，相信事实，

人类的心，相信故事。

没有故事的人生 = 没有情节的电影

没有故事的文字 = 只有床的恋爱

这是个故事泛滥的年代，

我们拥有无数个重复的结尾，

却缺失了情节和细节。

也许文案们不是不想讲故事，

而是不善于讲故事。

还记得大卫·奥格威著名的衬衣广告吗？

除了给原有的模特戴上一个眼罩，

什么也没说。

男主为什么戴着眼罩呢？

他那只眼睛怎么了？

经历了什么？

让人好奇的经历，就是故事。

为什么要提这个没有文案的故事呢？

因为我想告诉你，

文案不仅要讲故事，

还要会用很少的话讲故事。

文案们用故事浪费了太多的语言，

也用语言浪费了太多的故事。

故事有原型，有公式。

有一点要提醒，故事是有任务的。

无论是历史故事，鸡汤故事，

还是品牌故事，都要完成任务。

丢掉了任务的故事，

只是文案们自嗨的鬼故事。

文案有时就是讲故事。

写文案，就是找回语言背后失落的故事。

文案们，每天都要和故事恋爱。

标题

39

解题

标题主要分两大类：

一类是解题式，

一类是故事式。

写标题，有时就是出难题。

写内文就是破题、解题。

标题常常说的是结果

——"有问题"的结果，

勾起人的疑问。

内文常常说的是原因

——"有结果"的原因，

给出解决方案。

梵高为何自杀？

这是"有问题"的结果。

梵高死于不擅理财，

如果当时有支付宝……

这是"有结果"的原因。

写标题难在哪儿？

难在你必须说出结果，

但人们通常对结果缺乏兴趣。

所以，要把你的结果变成读者的问题，

这就是"有问题的结果"。

越不容易回答的题目，

越有可能是好标题。

写标题，是文案给自己出难题。

标题不够好，

那是因为你对自己太好。

40

疑问式

（故事感标题 1）

大多数时候，

文案不是要讲一个完整的故事。

大多数时候，

文案只是需要一个有"故事感"的标题。

标题没有故事感，就没人往下读你的故事。

如何才能写出有故事感的标题呢？

故事感标题，有四大基础类型：

疑问式、省略式、矛盾化、戏剧化。

疑问句不等于故事感。

听的人、看的人有疑问，想追问，

才有故事感，

否则就只是纯纯的疑问句。

梵高为何自杀？（支付宝）

这也是文艺爱好者的疑问。

没人会认为找到了真相，

只不过想听听另一个版本的故事。

"您的专属私密空间"，

这句话没啥可疑问的。

如果改成：

为什么将军需要一个独立的帐篷？

是不是就有了追问欲，

也有了故事感。

是的，这是某航空公司新型商务舱的文宣标题。

学员写苏东坡的那篇推文，

原来是个陈述句。

我改成了疑问句：官至正部级，

6 年内却连降 14 级，

宋朝第一文案苏轼，

究竟经历了什么？

这背后有什么隐情呢？

你想知道隐情，

就有了故事感。

《邮差总按两次铃》，

看到这个电影名，

我就不自禁想问：

为什么总是两次，

不是一次，不是三次？

特别强调：不是有了疑问就有故事感。

故事的核心是人物。

和人物有关的疑问，

才能产生故事感。

如何处理骨灰？

没啥故事感。

加上人物——如何处理仇人的骨灰？

就有了故事感。

不过，挂在这个书名下的，

不是复仇爽文，

而是作家钟伟民的杂文。

梵高、将军、苏轼、邮差、仇人，

哪个不是人物？

《十万个为什么？》为啥没有故事感？

因为没人物。

疑问式故事感，

不一定非要有问号，

听读者脑子里有问号就好。

耿

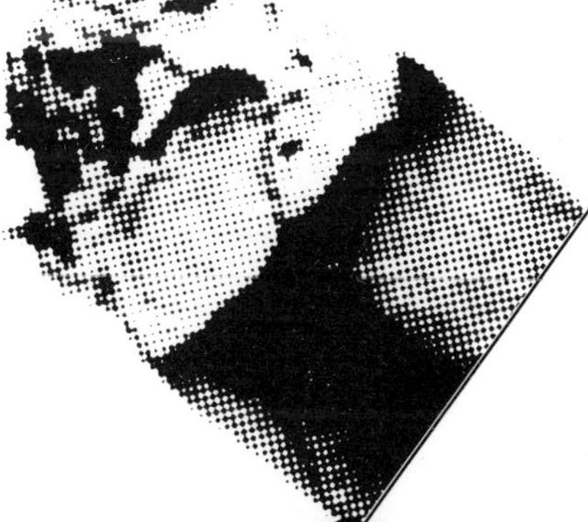

省略式

（故事感标题2）

41

悬念是省略的艺术。

把不该省略的部分省略掉，

才能产生悬念。

有悬念，就有了故事感。

"当我坐在钢琴边，他们都笑了，

而当我开始弹奏时……"（美国某音乐学院）

他们听了"我"的弹奏后，什么反应？

标题上给省略了。

想知道？那就继续往下读文案。

如果不省略呢？

"当我坐在钢琴边，他们都笑了，

而当我开始弹奏时，他们如醉如痴。"

不省略，也就没了悬念。

故事感标题就变成了对比式标题。

"怒辞百万年薪，

她在深山把日子过成了诗，可是……"

可是什么？背后有什么故事？

又是省略号。

点开你就上钩了。

那么她究竟遇到了什么事呢？

不好意思，我也省略一下。

"如果比尔·盖茨读完大四……"

那世上还有微软、ChatGPT 吗？

"这就是你们在非洲打猎时遗落的东西"，

什么东西？不说，

还有点欲言又止的味道。

看完后才知：遗落物是塑料瓶。

这是某环境保护组织的一则公益广告。

疑问式故事感，让人追着问问题。

省略式故事感，让人忍不住脑补……

省略式故事感标题，同样要围绕着人物来写。

矛盾化

（故事感标题3）

42

文学写的是故事。新闻写的是事故。

文案写的是——貌似事故的故事。

无论故事还是事故，

都是不该发生的事发生了。

为什么发生了？

因为人物之间发生了矛盾化冲突或戏剧化变化。

矛盾化和戏剧化本质差不多，只是侧重不同。

前者重对立，后者重变化。

霍金推崇过一本书：《禅与摩托车维修艺术》。

禅和摩托车在精神上是矛盾的。

难道这本书是要讲一个会修摩托车的和尚吗？

给病人看好病，我也病了。（丁香园）

是被传染了？还是遇到医闹了？

一个不识五线谱的人，

弹得一手好钢琴。（某红酒）

钢琴不是乐盲的敌人吗？

原来是一个咖啡馆里的常客，

偷偷记下了指法……

有部网络爽文名叫：《亏成首富从游戏开始》。

首富不是赚出来的吗？怎么会亏出来呢？

这究竟是什么宝藏游戏？

矛盾引发了好奇和猜想。

这类标题的基本操作是：

围绕着人物，找到一对矛盾词，

然后再用矛盾词造句。

比如：围绕"前男友"，用"新与旧"造句。

"可怜的旧情人，

看不到我的新内衣"（思薇尔）

既然是新内衣，凭什么给旧情人看？

可怜是复合的前奏吗？

男女之间有什么故事呢？

明知是广告，也忍不住去广告里找答案。

再强调一遍：不以人物为中心的故事，
都是伪故事。
伪故事，哪里来的故事感？

戏剧化

（故事感标题４）

43

戏剧化就是"不应该的变化"。

《银翼杀手》，好莱坞大片，

剧本改编自一本科幻小说。

小说名为：《仿生人会梦见电子羊吗》，

这两类生物本不应该相遇，

打破了次元壁，

还会发生什么不应该的事情呢？

"不应该的变化"，

不一定是已经发生的，

还包括你预感到的。

《把外婆放进冰箱里》这个片名，

给人一种不祥的预感，

预感到会发生不应该发生的事。

这种"不应该"的预感，

就是戏剧性，就是故事感。

我在中戏读书时，

曾看过一部实验戏剧，

剧名叫《三姊妹等待戈多》。

《三姊妹》是契诃夫的散文剧，

《等待戈多》则是后现代主义荒诞剧。

两部剧大相径庭，怎么能合体成一部剧呢？

太不应该了！

可正是这个"不应该"，

把我吸引进了剧场。

我心中的最佳戏剧化文案？

乔治·葛里宾曾为箭牌衬衣写过一段文案，

标题是：

"我的朋友乔·霍姆斯，他现在是一匹马了"。

人死后怎么会变成马呢？

"不应该的变化"发生了。

往下看，

内文基本上就是一本正经地胡说八道。

尽管故事本身十分荒诞，很不应该，

但我记住了这个标题，

还顺便记住了"箭牌衬衣"。

戏剧化标题 = 人物 + 不应该的变化

故事原型有很多，故事公式一大摞。

写标题常用的基础模型，就这四个。

文 案

＝

说人话 ＋ 人说话

44

小丰现代汉语广告语法辞典

文案是语案。

语就是口语，就是人话。

说人话的下半句是什么？人说话。

人说话，就是老舍说的"话里有人"。

写文案首先要搞明白"谁在听"，
但也要搞清楚"谁在说"。

"今年过节不收礼，收礼就收脑白金"，
"爱干净住汉庭"，
这两句都是人话，但不是"人说话"。
谁在说？企业的市场部在说，
而不是一个活生生的人。

"我只穿香奈儿五号入睡"。
谁说的？玛丽莲·梦露。
如果换作抠脚大汉呢？画面太……

"以前讨厌下雨，那会儿的自己，

其实对谁都谈不上喜欢。"（日本某百货公司）

显然，这是一个青春期的少女在吐露心思，

而不是百货公司在说话。

芝华士那段著名文案（尼尔·法兰奇），

透过字里行间就能感受到，

说话人是个大佬，

而且脾气不太好。

能否建立对象感，是文案成败的关键。

所谓对象感，

就是一个活生生的人在对一个活生生的人说话。

"年轻化，就选某某品牌。"

谁在说？年轻人从来不说"年轻化"这个词。

依旧是企业市场部在说，

不是活生生的人在说。

Diesel 是个有历史的品牌了，

为什么仍然是个"年轻品牌"？

因为 Diesel 的"说话人"，

一直是那个叛逆的年轻人。

Diesel 也从来不说"年轻化"，

而是说"我的球鞋不是拿来跑步的，

而是用来踢屁股的！"。

如果不是屁股疼，

谁会愿意听企业和品牌说话？

人，愿意和人说话，

尤其是和有趣的人说话。

文案＝常识

45

大多数时候，文案 = 常识。

文案的工作，

是把专业知识变成常识，

而不是反过来。

（一）用上千字解释劳斯莱斯

采用了怎样的静音黑科技，

不如大卫·奥格威那句

——"在时速 60 英里的劳斯莱斯汽车中，

最大的噪音来自电子钟的嘀嗒声。"

同样是讲"静音"，

大卫·奥格威只是利用了

"只有在极静的环境下，

才能听得到表针的走动声"这一生活常识。

（二）把"18.3% 的建筑密度"

这个专业数据硬塞给买房者，

不如我那句

——"只允许五分之一的地面生长房子"。

"18.3%"是专业数据，

"五分之一"是常识。

（三）"5GB超大内存仅重185克"，

只有IT男能无障碍接收吧?

苹果这样说:

"把1000首歌装进口袋里"。

"把东西装进口袋里"，

是你我天天都在做的"常识"吗?

不要追求"高大上"和"文艺腔"，

文案，不是用来装的。

"常识转化力"，

才是文案的核心能力。

很多文案要补的不是专业课，

而是生活常识课。

文案 ＝ 过程 ＋ 事实

46

文案是展示的艺术。

展示什么？

过程和事实。

文案是过程，不是结果。

文案是事实，不是结论。

如何治愈文案"假大空"？

多讲过程和事实，

少讲结果和结论。

不要说"我总是泡在咖啡馆"这个结果，

而要讲"我不在咖啡馆，

就在去咖啡馆的路上"（巴尔扎克）

这个过程。

不要说"好吃又好玩"这个结果，

而要讲"扭一扭，舔一舔，

泡一泡"（奥利奥）

这个过程。

不要说"纯天然，零加工"这个结果，

而要讲"我们不生产水，

我们只是大自然的搬运工"这个过程。

不要说"史上最长轿车"这一结论，

而要讲"比普通车长一倍"这个事实。

（凯迪拉克）

不要说"骆驼香烟特别值得"这个结论，

而要讲"为买一支骆驼香烟，

我走了一公里"这个事实。

请把过程和事实还给听读者吧，

他们会得出自己的结果和结论。

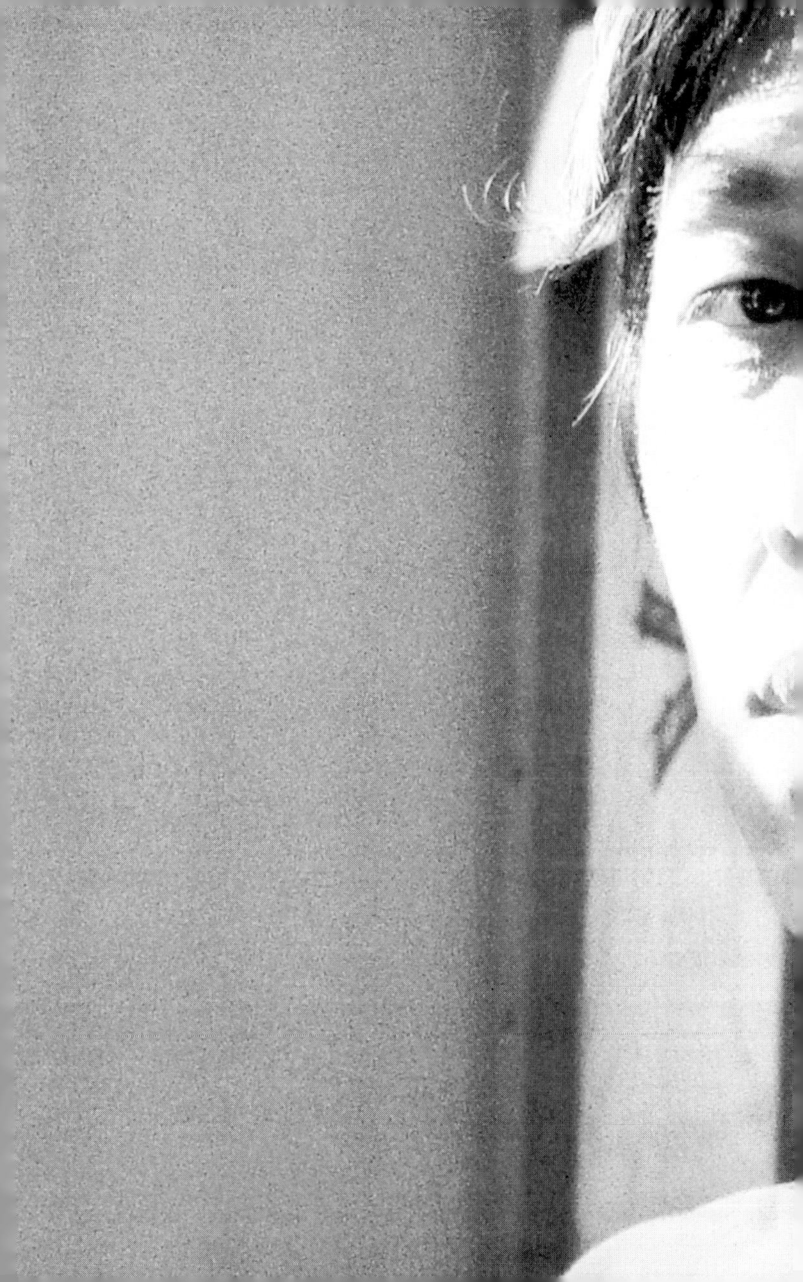

文案 = 行动

47

该如何写事实和过程?

不要过度描述和形容,
而要展示行动。

不要形容爱得有多深,
而要讲:"你跳,我也跳"。
不要描述如何狂傲不忿,
而要讲:"仰天大笑开门去"。

不要形容山泉水有多天然,
而要讲:"我们只是大自然的搬运工"。
不要描述香水味道如何动人,
而要讲:"动了情的痞子,
连刀都拿不稳了"。

(橘滋脏话)

描述和形容，

是隔着语言搔痒。

文案是过程。

文案是事实。

行动，就是演绎过程和事实。

行动 ≠ 动词

行动有两个要点：

一是现场性，

二是可视性。

行动，就是"现在演给你看"。

马克·吐温说：

"别只是描述老妇人在嘶喊，

而要把这个妇人带到现场，

让观众真真切切地听到她的尖叫声"。

写文案，不安宁。

耳里始终要有老妇人的尖叫声……

文案＝

创异 ＋

创意 ＋

创义

你真的比 ChatGPT 更文案吗?

不想被人工智能取代,

文案必须有创造性。

文案创造性分三个层面。

1. 创异—关注

有差异, 不一样,

引发关注。

"更好不如不同"。

ChatGPT 只能写大陆货,

可你的文案就够创异吗?

"今年过节不收礼",

"我们不生产水",

"你从没拥有过百达翡丽",

今年有礼为什么不收?

你们不就是生产水的吗?

花那么多钱买了个寂寞？

这三句文案都做到了创异，
让人不由得关注。
关注了，创异就成功了。

创异，别忘了三项黑科技技能：
否定、矛盾、反转。

2. 创意—兴趣

有想法，有意思，激发兴趣。

"收礼只收脑白金"。
原来是商家洗脑，没啥意思。

"我们只是大自然的搬运工"。
真的这么天然吗？

搬运工这个说法很新颖，有趣。

"你只不过是替下一代保管它"。

这个表质量这么好吗?

儿子长大了还能戴?

人生总得传下一些东西吧。

脑白金文案只有创异，

但是没创意。

大多数文案连创异都没有，

真该吃两盒"脑白金"。

脑白金这句文案，

至少引发了关注，

已经赢了 90% 的文案。

3. 创义—记忆

有意义，有价值，

主动记忆。

农夫山泉的文案有创异，

也有创意，

然后就没有然后了。

百达翡丽的文案却能让人反复琢磨：

人生的意义，

家族的传承，

时间的价值……

好文案让人主动记忆，

而不是侵扰和洗脑。

好文案长啥样？

创异→创意→创义

关注→兴趣→记忆

吸烟有害健康——

平庸的三无文案。

癌症治愈吸烟——

发人深省的"三创"文案。

你是"三创"呢？还是"三无"呢？

文案≠文字

49

文案有两部分，一部分是看得见听得到的，
一部分是看不见听不到的。

写文案，就是用看得见听得到的部分，
写出看不见听不到的部分。

前者是字面意，后者是言外意。

"欲穷千里目，更上一层楼"。
字面意在说视野，
言外意则是在讲人生境界。
这句诗之所以能流传千古，
是因为每代人都读懂了它的言外之意。

"我只穿香奈儿五号入睡"。
梦露这句话的字面意很简单，
言外意却胜得过她所有的电影。
"只"字，让人浮想联翩……

"只为准婚族而建！"

只有字面意，卖婚房喽。

"爱情有些想家了"，

就有了言外意，

让焦虑的准婚族，

心里多了几分美好和期待。

"兑现儿时梦想"，

什么意思？就是字面所说的意思。

"前排两个儿童座椅"，

字面意在讲座椅，

言外意则是说几代人的童年梦。

（这是保时捷的一句广告语。

在欧洲，人人小时候都梦想拥有一部保时捷）

"销量全球第一"，

"行业领导者"，

这两句都只有字面意。

同样是这个意思，

如何来写言外意呢？

大金空调这样说：

"在人和空气之间，总有大金"。

这才是领导者应有的范儿。

字面上什么也没说，

但看的人心领神会了。

字面意，是单向灌输，是文字的独角戏。

言外意，是双向默契，是语言的双人舞。

写文案，就是用字面意写出言外意。

好文案，精彩在文字之外。

好文案，一切尽在不言中……

文案 ≠ 策略

50

"谁在听"决定了文案说什么和怎么说。

文案是说给用户听的。

策略呢?

是说给客户,说给老板,

说给合作伙伴,

说给内部员工听的。

文案是点思维,策略是面思维。

文案是外部的,策略是内部的。

文案"to C",策略"to B"。

文案是感性语言,策略是理性语言。

策略语言不等于文案语言。

策略要想触达用户,

先要翻译成文案。

多芬香皂,最初定位是"新型香皂"。

"新型香皂"是策略语言，

文案该怎么表达呢？

大卫·奥格威干脆说多芬不是香皂。

而是说："突然之间，

多芬让香皂过时了"。

这就是文案语言，

既标榜了"新"，

又把多芬和其他香皂区隔了开来。

如果直接上策略语言，

那就是无感又无效的"新型香皂"了。

某酒品牌自我定位是"高端酒"，

该怎么向用户翻译呢？

绝不是把策略直接说出来。

尼尔·法兰奇是这么来翻译的：

这是一则皇家芝华士广告

如果你需要看它的瓶子

显然，你混错了社交圈

如果你需要尝一尝

说明，你没有品尝它的经历

如果你需要知道它的价格

翻过这页吧，年轻人……

（皇家芝华士）

全文没有一个词是"高端"，
但字里行间都透着"高端"。
高端，一旦说出来就 low 了。
不着痕迹地让人感受到高端，
才是真正的高端。

某电影院旁，
有家专卖柠檬汁的店，
生意惨淡。

女孩子们嫌弃纯柠檬汁有点酸，

更爱喝隔壁的高糖分奶茶。

该怎么扭转劣势呢？

纯柠檬汁确实不够甜，

但无添加，更健康。

那就改变营销策略，

健康为主，口味为辅。

如何把这个策略翻译给甜妹们呢？

健康又好喝？

直接喊策略没啥用。

用文案语言怎么说？

不加糖的甜就是柠檬。

为了这句话，

我干了一大杯酸涩的柠檬汁。

文案要遵循策略。

文案要向用户翻译策略。

但文案不是策略，

策略语言也不能替代文案语言。

策略们，请补习一下表达的策略。

文案 ≠ 逻辑

51

文案不是逻辑语言。

文案不是逻辑专业。

文案大师 David Abbott 曾说：

写长文案时，

要注意隐藏论述的逻辑过程。

"我就喜欢"，

"太好逛了吧"，

"just do it"。

这几句文案没啥逻辑，

但大家爱听也爱说。

支付宝《梵高为何自杀》，

以逻辑缜密著称，

但梵高自杀和支付宝真的有什么逻辑关系吗？

文案为什么不重逻辑？

因为文案是活用形象语言，

来进行情感说服。

因为文案针对的是人心。

人心没有逻辑，

欲望不讲道理。

这才是文案的底层逻辑。

大多数人看文案听文案，

只关心自己感兴趣的内容，

而不是背后的逻辑。

当然，一篇文案要有基本的逻辑自洽，

但不一定要把逻辑过程展示出来。

貌似有逻辑就可以了，

千万不要掉进逻辑陷阱里。

抛开逻辑思维，

你才能发现生活和语言的更多可能。

文案，多讲事实，少讲逻辑。

文案，多让人动心，少让人动脑。

文案 ≠ 看图说话

52

文字＋画面 ＞ 文字＋画面

语言＋影像 ＞ 语言＋影像

请记住这两个大于公式。

文字不应是画面的注释。

语言不应是影像的解说。

好的作品，

文字和画面，语言和影像，

能产生化学反应。

如何产生化学反应？

在语言文字和影像画面之间，

建立起修辞关系。

苹果"iMac"的上市海报，

俯拍镜头，五颜六色的 iMac 排成一个圆，

画面看起来非常诱人。

该如何配文案呢？

彩色时代缤纷上市?

惊艳! 开创电脑彩色时代?

这样来配的话,

文字和画面是说明关系,

成了看图说话。

官方标题只用了一个象声词——Yum,

相当于中文的"啧"。

老外看到诱人糖果时, 就会忍不住发出这个词。

"Yum"本身没什么意义,

却在文字和画面之间建立起了修辞关系。

什么修辞关系? 暗喻。

用一个象声词,

把 iMac 暗喻为糖果,

让整张海报有了灵魂,

从而焕发出了不一样的色彩。

语言和影像之间, 也要达成修辞关系。

"踢不烂"大黄靴短视频, 影像上稀松平常,就是一双脚穿着大黄靴，在户外走来走去。

文案怎么配的呢？

忘了从什么时候起人们叫我"踢不烂"

而不是"Timberland"

从那阵风开始

当我被那阵风轻吻

被月光、星光、阳光浸染

被一颗石头挑衅

然后用溪流抚平伤痕

当我开始听到花开的声音

当我不小心闯对路

又认真地迷过路

当我经历过离别

又曾被人等待

当我需要、被需要……

这是大黄靴的内心独白，

但大黄靴并不是人。

在短视频里，

语言和影像达成了"拟人关系"。

带着大黄靴的独白看视频，

原本稀松的影像竟也闪耀着稀缺的诗意。

不是所有的修辞格，

都能让语言和影像产生化学反应。

常用来产生化学反应的修辞格有四个，

分别是：比喻、拟人、拟物、对比。

苹果手机短视频《口袋里的好莱坞》，

语言和影像之间是比喻关系。

用苹果手机拍日常生活，

就像在好莱坞用摄像机拍大片。

画面说过的，文字就甭废话了。

影像能表达的，语言上就省省吧。

语言 & 文字，影像 & 画面，

要么物理一些

——保持物理距离，适度留白。

要么化学一些

——达成修辞关系，产生化学反应。

买点文案 ≠ 卖点文案

53

有的文案写了一辈子，

只会写卖点，不会撩买点。

卖点文案是内部思维。

买点文案是外部思维。

两种文案有什么区别？

1. 卖点文案：去头去尾更方便

买点文案：一嘬脱壳单手剥虾

2. 卖点文案：首创 VOOC 技术 4 倍速闪充

买点文案：充电 5 分钟通话 2 小时

3. 卖点文案：三面公园 270 度风景大宅

买点文案：我家窗户里住着三个公园

4. 卖点文案：5GB 超大内存仅重 185 克

买点文案：把 1000 首歌装进口袋里

用户更愿意为哪种文案买单呢?

答案显而易见。

写买点文案,

首先要具体到点。

除此之外,还要把握 4 个要点:

1. 我获得了什么?

2. 我具体获得了什么?

3. 我有没有获得更多?

4. 说人话,能秒懂。

"我"是谁?

就是"谁在听"的"谁"。

文案,永远站在"谁"的心理和利益上说话。

从现在开始，

请把卖点从脑海里抠掉。

文案 ≠ 懂

54

"没有任何一个客户，

会买他自己都没兴趣，

或是看不懂的广告。"

——李奥·贝纳

文案是常识。

文案要说人话，要秒懂，

这也是常识，但不绝对。

一些时候，文案需要不懂。

一名文案高手，既要能写"懂文案"，

也要能写"不懂文案"。

号称"自由基杀手"的富勒烯面膜你懂吗?

不就是抗衰老吗?

欧米茄的 Spirate 硅游丝微调系统你懂吗?

其实就是能让表针走得更准。

"衣服即政治，衣服即权利"，

又是什么意思呢？

"昆仑玻璃""灵动岛"，

你真的了解吗？

这些黑话，虽然难懂，

却给人一种"不明觉厉""高大上"的感受。

有时候，不懂胜于懂。

文案非得要说清楚搞得懂的，

用户并不想也没必要懂。

没几个人懂巴黎世家那些冷漠怪诞的广告，

但那个调调儿能嗑就够了；

也没几个人懂许舜英的自言自语，

但这不妨碍人们把这些话当作时尚指引，

去买买买。

文案不只是用来营造那些大脑懂、

逻辑通、道理明的信息，

还要用来制造感觉、气息、色彩、味道、疼痛

——鼻子能懂舌头能懂皮肤能懂心灵能懂

二百万个感觉细胞能懂的东西。

还有一类文案，是纯装饰性的，

不需要懂，

也不能不懂，

最好是似懂非懂。

一次嗅觉沿着原木瓶塞探寻生命真味的酒香之旅

一场心灵踏着葡萄根须回归生活原义的动情发现

一段珍藏于橡木桶深处发酵并美妙着的人生体验

一种凝结于高脚杯边缘沸腾并高远着的香槟情怀

（美林·香槟小镇）

我写的这段列锦，就是纯装饰性的。

没有任何信息性和功能性，

只是用来拔升项目的气质、调性。

懂，不懂，似懂非懂，都可以有。

一句"看不懂"，

封杀了无数好文案。

一句"看不懂"，

让无数平庸的文案理直气壮地"躺平"。

人，不是一堆理性的脑细胞。

好文案要能链接并调动人的七情六欲。

李奥·贝纳还有一句话：

如果不能让自己化身消费者，

你就不该入这一行。

文案，大多数时候要讲人话，

但有时候，也要故意不讲人话。

三法则

55

（叙事1）

故事，是叙事方式之一。

文案就是一场以情感说服为目的的叙事。

文案叙事要遵循三个法则：

不要人生叙事，而要生活叙事。

不要宏观叙事，而要细节叙事。

不要史诗叙事，而要事实叙事。

1. 文案爱谈人生是种病

没有生活就没有人生。

不要感慨人生无常悲喜交加，

而要讲《一个婚礼和四个葬礼》。

前者是凭空感慨，

后者是通过生活让别人感慨人生。

文学不是用来谈人生的。

文案是用来美好生活的。

2. 没有细节的宏大是危楼

不要讲开疆拓土引领时代，

而要讲酒窖里的橡木桶和黑蜘蛛。（马爹利）

尼尔·法兰奇擅长写文案，

但更擅长捕捉独特的细节。

写文案，就是寻找阿喀琉斯之踵。

越是写"大文案"，越需要"小细节"。

3. 史诗不仅是诗，还是史

史，已经发生的事实。

少些宏观的史诗叙事，多些具体的事实展示。

不要说"梅西是史上最佳前锋，

足球技术流巅峰"，

而要讲"单赛季打进 91 粒进球，

266 次成功过人"。

法则就是用来打破的，

但前提是你了解这些法则。

错时叙事

（叙事２）

56

汉语没有明显的时态标记。

叙事是活用时态的艺术。

好文案是时间的魔术师。

写文案，时态要错着来。

1. 将来的事当成现在的事说

不要说未来多么美好，

而要讲"未来，已来"（奥迪）。

不要说将来楼间距有多大，

而要当作已住了五年，

讲"大半个足球场的路呢，

小镇的社交有些懒惰了"（美林·香槟小镇）。

不要说将要发生什么，

而要讲正在经历什么。

人，永远是即时满足的动物。

2. 过去的事要当历史的事说

不要说饭店开业两年了，

而要讲："十年老店，还差八年"。

不要说奔驰诞生了多少年，

而要讲："汽车发明者，再次发明汽车"。

过去几年是过时，

过去几十年是历史，

过去几百年是文化。

历史不仅仅是数字，还标刻着地位和价值。

3. 历史的事要当现在的事说

不要说："400 年来，佘山唯一别墅"。

而要讲："佘山等了 400 年"。

不要说：

"这个品牌生产营养品已有 153 年历史"。

而要讲："153 岁英伦大使应聘"（荷柏瑞）。

应聘什么职位？你的营养顾问。

为什么要错时叙事？

因为人是活在"当下"

又不满足于"当下"的动物……

人人都有一颗穿越的心。

零度叙事

（叙事３）

57

戏剧："唱戏的是疯子，看戏的是傻子"。

文案："写的人是傻子，看的人是疯子"。

傻子，稳如老狗，不动声色。

疯子，情不自禁，又哭又笑。

写的人全情投入，

听的人不痛不痒，

这是无感文案。

写的人波澜不惊，

听的人翻江倒海，

这才是破防文案。

朱自清的《背影》，

从语气和用词上来说，

平平淡淡朴朴素素，

却让无数人泪目。

芝华士父亲节文案，
罗列了一堆鸡毛蒜皮，
但字里行间都是父爱。

古今中外，无论什么形式，
写母亲的都情感外露，
写父亲的都理性克制。
好文案，是写给父亲的信。

"疯子"文案泛滥——
"泪目体""吓尿体""爱死体""震惊体"……
请把情感温度降下来吧，
不要把观众真的当"傻子"。

为人为文，过度热情，
都让人心生戒备。
世上最会骗人的不是"疯子"，
而是"傻子"。

理性克制，娓娓道来，

貌似不带任何情感——

我把这种叙事方式称作零度叙事。

零度叙事并非真的无情，

而是把情感藏在了文案的背后，

把"发疯权"还给了观众。

任何人刚接触文案时，

情感都是零度。

零度叙事，

让文案和听读者处于情感同温层，

更便于后者的情感代入。

最触动我的文案，

是一个墓地的中秋节广告：

月圆的时候，

别忘了多一副碗筷。

每逢佳节倍思亲，

更哪堪亲人已不在？

文案本身普普通通，

没有修饰没有技巧，

也没有任何情感色彩，

却狠狠戳中了我的情感软肋。

情感越克制，

爆发的张力就越大。

零度叙事，等于自我缴械。

做傻子比做疯子更难，

需要更深的情感体验，

更强的语言穿透能力。

零度叙事，要艺术地克制情感。

对文案来说，

确实是一个超高要求。

没办法，文案想要进阶，绕不过这一关。

少做"疯子"，多做"傻子"。

以小见大

（叙事4）

58

文案要往小里写。

文案要以小见大。

什么是小？什么是大？

小，是小的形象。

大，就是大的事物。

见，就是可视化。

什么是可视的？形象。

以小见大，

就是以可视的"小形象"来写"大事物"。

"第一次！开创人类太空史新纪元"，

这句话里，基本都是抽象大词。

登月成功，当然是件划时代的大事。

新闻报道都往大里写，

但被大家记住的，

还是阿姆斯特朗那句：

这是我个人的一小步，却是全人类的一大步。

"一小步""一大步"，

用这两个小形象，

把登月这件大事可视化了，

这就是以"小形象"见"大事物"，

以小见大。

鸡汤文案常引用的那句：

一沙一世界，一花一天堂。

"一沙""一花"都是小形象，

用来形容"世界""天堂"这两个大事物。

父爱如山。

如何把这份厚重的"大"可视化呢？

中华轿车这么说：

世界上最重要的一部车，是爸爸的肩膀。

肩膀，是"小形象"，

以"肩膀"见"车"见"父爱"。

无须"望大知难"，

连"登月""世界""天堂"

这些大得不能再大的大事物，

都能用小得不能再小的小形象来可视化，

那还有什么"大"是不能"小"的呢?

要做一枚"小文案"。

以大见小

（叙事5）

59

多数时候，要以小见大。

有时候，要以大见小。

以大见小，

就是用"大形象"把"小事物"可视化。

"飞流直下三千尺，疑是银河落九天"。

赏瀑布赏出了《三体》末日感。

李白一直是以大见小的高手。

"会挽雕弓如满月，西北望，射天狼"。

打猎事小，天灾事大。

"以大见小"，怎么少得了豪放派苏轼？

"山无棱，天地合，乃敢与君绝"。

谈个恋爱就毁天灭地了。

真的要少用这个写法，

容易闹出地质灾害来。

这些古诗词，

都是"以大见小"。

需要注意的是：

银河、满月、天狼、山、天地，

都是形象词。

形象了，才可视。

宝马7系优化了动力系统，

就说：驾驭世界向前。

保时捷提升了敞篷开合度，

就讲：改善城市天际线。

"以大见小"用不好，

就会"假大空"。

为什么假大空？

因为不可视，不可见。

无论"以小见大"，

还是"以大见小"，

关键都在于"见"字。

技术活再好，也要选对"Size"。

长文案

8个心法

60

如何写长文案？我有 8 个心法：

吃透用户、追随直觉、

做无用功、注入情感、

展示事实、隐藏逻辑、

以小写长、能短则短。

为什么要隐藏逻辑？前文已经说过。

文案为什么写不长？

因为没有"放进去"。

文案是"放进去"，而不是"写出来"。

把"看不见"的东西放进去，

不只是把看得见的东西写出来。

"看不见"的东西是什么？

一是情感。

父亲节长文案，

长的是"看不见"的父子情，

而不仅仅是那些"看得见"的生活场景。

二是思想。

许舜英长文案，

长的是"看不见"的时尚美学，

而不是那些"看得见"的时装和鞋。

长文案一定要有事实做支撑，

否则立不住。

长文案不能只写事实，

还要把情感和思想"放进去"。

情感和思想是长文案的动力锂电池。

没有动力，

文案就跑不出续航里程，

就写不长。

长文案写出来长，

但听起来要"短"。

长文案 ≠ "冗长的文案"。

长文案，不过是长篇幅的短文案。

短视频文案

9 大元素

61

短视频文案有9大元素：

1. 名字；（这支短视频叫啥名？）

2. 对白；

3. 独白；

4. 旁白；

5. 字幕；

6. 歌词（剧中歌词最好也由文案包办）；

7. 画中字（画中物体自带的字）；

8. 标版（品牌Logo、品牌名、slogan、联系方式，这些都没有，总得有个制作单位吧）；

9. 分享语（社媒分享时总得写几句吧）。

很少有短视频，能集齐9大元素。

几乎没有短视频，能绕过9大元素。

不要想9大元素该用哪几个，

而要想9大元素不用哪几个。

1、8、9，必不可少。

6，视情形而定。

剩下 5 个元素中，哪个能不用呢？

画中字，能不用就不用。

字幕，能不用就不用。

为什么？

因为"画中字"和"字幕"是静态的阅读，

而短视频是动态的视听。

短视频不长，不宜频繁地切换接收方式。

如果用，就要有非用不可的理由。

对白、旁白、独白，

是短视频文案的核心元素。

为什么叫"白"？

你可以理解成"精致的大白话"。

从文案变成脚本，

你首先要把文字变成"精致的大白话"。

脚本和文案的根本区别是，

"三白"背后是有角色的。

带着角色写脚本，

才能让角色讲自己的话。

"三白"，能不用哪个呢？

旁白和独白不要同时用。

旁白是上帝视角，独白是主观视角。

还是那句话，短视频不长，

不宜频繁地切换叙事视角。

我们的短视频字幕太多了。

我们的短视频"三白"太满了。

我们的短视频时间太长了。

写短视频文案，要克制自己的文案欲。

只要是能看明白的，就不要说出来。

好文案，懂得用最少的元素写最丰富的内容。

好文案，懂得什么时候不写文案。

黑手

黑洞

（取名一）

62

"有名，万物之母"。

名字是最短的战略。

名字是品牌的核心资产。

名字的重要性，

再怎么强调都不为过。

名字对文案的重要性，

再怎么高估都不高。

文案最难是取名！

对名字的要求无限多。

对名字的寄寓无限大。

能使用的字数无限少。

能腾挪的空间无限小。

取名常常面对"三大黑手"。

首先是"金主爸爸"。

路易、查理、欧阳、素季——

"爸爸"听了几百个名字后，

隆重拍板：我的"翠花"好。

给别人家孩子取名，

千万不要遇到——

一个热爱乡土文学的家长。

其次是国学大师。

五行缺"他"，没"他"不行。

大师必须有存在感。

取个名字而已，

像是跟五千年传统文化决斗。

没处说理，无理可说。

第三双手是各种谐音。

谐音的世界很黑幽，

处处是刚性无厘头。

老王，即老"亡"。

隔壁老王，就是"戈壁老亡"。

一四，即"你死"。

不仅谐普通话，还谐各地方言。

个别外企，连英语都谐。

汉语的谐音字太海量，

只能怪造字的仓颉太懒。

"三大黑手"之外，

还有"两大黑洞"！

常用汉字不超 5000 个，

适合取名用的也就几百个。

"悦""骐""睿"——

这几个字及其谐音字，

快被汽车界用废了。

不重字已不可能，

不重名也越发不易。

注册是另一个黑洞。

各种名字和类别都被侵占了，

你就像个碰瓷的，

一不小心就"相近""雷同"。

企业名很难一次询下来，

商标名更虐。

那个"金拱门"，

也是不得已吧。

但，名字太重要了。

名字取不好，

就输在了起跑线。

身为文案，

只能接受极限挑战。

閉

事前功

（取名二）

"三大黑手"和"两大黑洞"怎么破?

要做三个事前功:

提案前要百度,撞包撞衫撞脸不能撞名。

提案前要询名,把客户撩脱了不能没有然后。

提案前要多念,免得谐出幺蛾子来。

聪明的国学大师只改偏旁部首:

这里多个点那里加个金。

不必较劲,无伤大名就能忍。

笨大师酷爱自己取名。

不必理会,

大师也得败给"金主爸爸",

死于"翠花"。

娶名

（取名三）

64

要取名，先学会娶名。

就是娶别人家的名，

生自己的孩子。

先忘掉品类。

娶别人家的名字。

把品类名作为尾缀，也可不缀。

两个例子：

A. 餐饮业：很久以前

"很久以前"，和餐饮什么关系？

"很久以前"更像书名、歌名。

品类名作尾缀：是家串店。

B. 电子类：Apple

苹果，借用水果名。

干脆没有尾缀。

有个牛仔裤品牌，也叫苹果。

苹果还真是爱跨界。

婴名有五大系列：

1. 动物名

龙腾虎跃狗乱跑，

狐跳鹿鸣学猫叫。

还有各种鸟：

始祖鸟、雏鹰、菜鸟、蜂鸟……

飞禽走兽全齐活儿。

爱马仕不属动物系列，

HERMES（赫尔墨斯）是希腊神话人物。

甲骨文勉强算——龟是动物。

海洋动物好名无数。

史前动物是个宝藏，

掘宝人貌似还不多。

2. 人物名

王麻子菜刀和阿玛尼男装，

都是借用老板自己的名字。

桑拿偏爱恺撒，

眼镜碰瓷溥仪，

白兰地生搬拿破仑，

文案非得是帝王粉吗？

阿里巴巴是个穷苦人，

有个新业务板块叫：平头哥。

平头哥、农夫、布衣——

这种代指类名字，

使用率还不高。

3. 地理名

长江！长江！

我是黄河！

叫这两个名字的以兵团计。

万宝龙（Montblanc），

来自意语勃朗峰（MonteBianco）。

喜马拉雅，

来自喜马拉雅。

8848 相对聪明，

避免了直白，

也避开了大量的珠穆朗玛。

地理名不只是地名，

地理纪年也是地理名。

寒武纪、冰河世纪、侏罗公园……

酷！

4. 水果名

苹果开了头，

叫橙的科技公司一大堆。

视频业成了水果批发市场：

西瓜、奇异果、香蕉、芒果……

梨字犯谐音忌讳

——但也有个梨视频。

lululemon，也是水果系名字。

孩子的小名也水果化了，

小毛桃、小菠萝、小葡萄、小草莓……

仿佛没个水果名，

就不是水果托生的。

有时候，给品牌、产品娶名，

就像是给孩子取小名。

5. 植物名

娶花为名的不要太多。

以其他植物为名的还少。

美妆品牌爱种草——

佰草集、相宜本草、仟佰草。

草名中最著名的还是三叶草。

竹叶青，既是茶，也是酒。

近几年，农作物也上了桌：

大麦、麦田、糯米、小米，

芝麻都玩起了"信用"。

喜欢某个设计师集合店的名字：薄荷糯米葱。

五大系列只是常规工具箱。

五大系列只是常用名字库。

想娶好名，要自行扩容：

书名、歌名、乐曲名、

数字名、金属名、天文名……

甚至"氪空间"这样的化学名。

颜色系、方位系最百搭讨喜。

名字娶好了，

还可用红白蓝绿上下左右，

再加工下，

如：紫米绿米、蓝鲸白鲸、蕉内蕉下……

娶名两原则：

1. 不乱娶

娶之有理，娶之合情。

要借名，更要借神！

娶名，要源自企业的三观。

娶名，要匹配品牌的精神气质。

没有特斯拉和法拉第，

就没有今天的电动车，

但以他们为车名，

借的是他们发明创新的精神。

2. 不照搬

不照搬，不硬套。

要娶名，更要娶字。

直接借用整个名字，会撞名。

简单借用整个名字，是偷懒。

娶名，要依照行业特点再设计。

娶名，要根据用户喜好再创作。

天猫、猫眼、猫扑——

娶别人的名，是为了生自己的孩子。

65 抽象

（取名四）

名字即形象，通常是具象的名词。

其实，名字也可以玩抽象。

没有比数字更抽象的了。

360、263、361° 都以纯数字为名。

地产和餐饮简直是数字王国：

某某路壹号，某某某街捌号，

北京六号院，1949 会所……

带数字的一般都贵。

一条冷知识："Googol" 是个数学术语，

指的是 1 后面跟着 100 个 0。

"2" 和 "4" 起名时常被忌讳。

忌讳就少用，但也不是绝对不用。

肆拾玖坊有 "4"，

亚瑟士 nimbus24，既有 "2"，又有 "4"。

时尚业也有数字癖。

香奈儿 No.5 香水，

散发神秘魅力。

Dior 的"EnHuit"，

就是法语中的"8"。

数字总有种高端神秘意味。

"only"——副词

"Absolute"——形容词

"in 北京"——介词

高级的名字直斥三观。

如："无用""例外"。

前者是短句，一种态度。

后者是副词，一个主张。

情绪情感看不见摸不着，

多少也有点抽象。

有不少品牌产品，

以情绪词和情感词来命名。

某内衣品牌：爱慕。

某款香水：嫉妒。

某折扣店：斯普瑞斯（Surprise）。

某公司：哇棒（哇！棒！）传媒。

90% 以上的名字都是具象名词，

不妨尝试一下那 10%。

拼造

（取名五）

66

拼造名，能减少重复避免俗套。

拼造得好，有混血奇效。

简单的拼造名：D&G。

两位设计师名字的首字母。

成功的拼造名：LEGO（乐高）。

丹麦词"Leg"和"Godt"重组，

产生新词，还诞生了新的意义。

原语义："容易得到的"。

现语义："好好玩！""去玩！"

单农（Donoo）是典型的拼造名。

"单"和"农"拼一起，没造出新意思。

但有了意境：虚怀感、悠然南山。

有了画面：田园里的单衣隐者。

造境是造名的最高境界。

1. 汉字 + 数字

速 8。

国窖 1573。

公园 1872。

黄鹤楼 1916。

和纯数字名不同，

这类名字里的数字，

大都有出处。

数字还是严谨的，

拼造时要心中有"数"。

2. 汉字 + 英文

三里屯 SOHO。

凯德 MALL。

SOHO、MALL——

中国没有过的物业形式，

与其音译不如直接拿来。

当代 MOMA——

MOMA 是舶来技术，

舶来也不如直接拿来！

唐宁 ONE——

这样造名有四个原因：

1.不想"直给"——叫唐宁街。

2.绕开泛滥的"壹号"。

3.唐、宁太中国，加个英文的"ONE"，

更能体现项目的"中西汇"定位。

4.唐、宁都是二声，所以加个去声平衡音调。

取名是微雕艺术，少不了这些细致功夫。

中英混搭，

一定要听着舒服，念着顺溜，

否则就有硬拼造之嫌。

E 人 E 本。

英汉谐音：一人一本。

36 氪。

氪是元素周期表的第 36 号。

氪星是超人的故乡。

很有创意的名字。

3. 英文 + 数字

3M。

Y3。

7-ELEVEn。

CERRUTI 1881。

36Kr（36 氪）。

纯数字名和数英混血名，

有一个好处：

全球识别无障碍。

不必每一个语言环境，

取一个适合当地的土名。

7-ELEVEn——真正的世界语。

纯英、纯数、英 + 数，

适合境外为主的品牌。

语言环境越来越开放，

国内品牌使用纯英文名字，

也越来越被年轻人接受。

"ubras"，既不是欧美品牌，

也不是日本品牌，而是纯国货。

4. 汉字 + 拼音

拼音是表音工具，

不是独立的文字。

用拼音取名会被群嘲，

处于取名鄙视链的最底端。

"WU 之物"——

谁说拼音就 low？

英文名刷屏的年代，

"WU"反而显得新奇、另类，

还带一点前卫！

"WU之物"名字释义：
取自现代汉语的四个声调，
屋、无、五、物。
这名字蛮有档次，
体现了汉语和拼音独有的格调。

拼音名还是稀有！
万科HONG——
直接用"红"的拼音做名字，
也没有啥"low"感。
很多城市都有万科HONG，
它已成了产品线的名字。

华为的英文名？
华为的英文名就是拼音名。
HUAWEI——也没什么违和感。
当然，华为只有一个，
非著名品牌还是慎用。

Nandao pinyin bupei yongyou

ziji de mingzi ma ?

短句化

（取名六）

67

一个字能做名字，一句话也能。

短句名社交性强，

随着社交媒体兴盛，就越来越多。

"有品"——

虽只两个字，但是个短句。

"饿了么"——

每天都挂在嘴边的名字。

"有车以后"——

半句话，但把业务范围说完整了。

"叫个鸭子"——

擦边小短句，就怕……

"飞鸟和新酒"——

有酒有故事，文艺范儿。

"赵小姐不等位"——

主谓宾都有，完整的短句。

短句名有两个标准：

1. 有故事感（有悬念、有疑问、有戏剧性）。

2. 有传播性（好听、好念、好有趣）。

最好两者都有。

"饿了么"符合第二个标准，但没有故事性。

"叫个鸭子"两个标准都符合，但太低俗。

"赵小姐不等位"——

赵小姐是谁？

为什么不等位？

为什么？原来背后还有个浪漫的爱情故事。

这才是那种优秀的短句名，就是店黄了。

短句名早已有之。

"狗不理"，这个名字真的很绝！

包子和狗什么关系？

狗不理谁？

且听细细道来。

"狗不理"不仅悬疑，有故事，

还有口口相传的传染性。

短句名大都自带场景感。

场景化、情境化也是取名的好方法。

短句名的通病是：

没有延展性。

"狗不理"是好名字。

"狗不理集团"就有些不伦了！

品牌想速火，短句名是近道。

品牌想长久，慎用短句名。

开口
闭口
平仄

（取名七）

68

名字是用来叫的，所以必须好听好念。

好听好念，就不能不说说语音。

古汉语：

平（平）、上（仄）、去（仄）、入（仄）。

现代汉语：

阴平（平）、阳平（平）、上（仄）、去（仄）。

从南朝以来，

沈约的"沈分法"成了圭臬，

文字平仄皆有律。

开口元音：

a、e、o。

闭口元音：

i、u、ü。

很长一段时间，

有一项不成文的规定：

取名多用开口音。

音韵格律自有道理，

但不必拘泥于一些古理。

从来如此，便对吗？（鲁迅）

小米、格力的尾字都是闭口音，

不也"成名"了吗？

百度、沃尔玛全是仄，

不也很"知名"吗？

名字本就很短，

就不要再作茧自缚了。

四字以内名字，

只要易上口易传播，

就不必考虑是不是开口音。

开口音更好听易读。

平仄适当更悠扬上口。

但开口也罢闭口也罢,

上口为大。

是否上口,

要以日常读说习惯为准。

是不是闭口音,

都不影响"荔枝"的甜度。

说服

（取名八）

犹如圣杯之于圣殿骑士。

犹如屎之于屎壳郎。

文案没有卖掉过一个名字，

他就不配拥有文案这个名字。

除了简单地做点市调，

除了复杂地做些对比，

怎么卖掉一个名字呢?

1. 故事

周伯通是名字。

老顽童才是这个名字的故事。

梅超风是名字。

黑风双煞才是这个名字的故事。

好名字，一定有自己的故事。

好故事，一定能卖掉好名字。

2. 家谱

母公司、子公司、孙公司。

母品牌、子品牌、产品线品牌。

名字有自己的家族和亲朋。

名字也是讲血脉、论传承的。

小米、紫米、红米、米家、米兔……

名字从来不是一个人在战斗！

不要单独卖一个名字，

而要卖这个名字的家谱。

3. 释名

宝箱里究竟有什么？

杜十娘死活不说，自溺而亡。

名字就是宝箱。

名字里装着宝贝。

只提宝箱，不说宝贝，

就是杜十娘。

没有"屋、无、五、物"的支撑，

"WU 之物"就成了"无名氏"。

没有"H、O、N、G"的拆解，

"万科 HONG"就沦为"万不红"。

无宝的宝箱是垃圾箱。

卖名字，就是打开宝箱——

看宝。

4.NI

有 CI。

有 VI。

为什么没有 NI？

授鱼不如授渔。

卖名字时，授渔不如授鱼。

谁?

什么场合?

如何使用?

对谁使用?

NI 是名字的情景应用。

情景,要前置。

卖名字,

不仅是技术活儿,

还是系统活儿。

爱情有些想家了

四不

（取名九）

70

玄学点说：名字就是八字。

名字，或多或少，

决定了品牌的命运。

有个酒店品牌叫"深坑"。

坑是个常用负面词。

果不其然，运营多年后，

深坑酒店陷入了"债务深坑"。

取名字也要防"深坑"。

下面讲讲起名字的四不原则。

1. 不取"湆名"

取名首先是为了区别和辨识，

意大利奢侈品牌 Valentino 和 Mario Valentino，

和平共处了几十年后，

最终因为名字对簿公堂，

不过是一场迟来的互撕。

名字是品牌的第一辨识符号，

名字是品牌的核心资产，容不得半点混淆。

"蕉内"和"蕉下"你分得清吗？

其实是两个不同的品牌。

某宝上还有个神店叫"蕉下"，

但和"蕉内""蕉下"都没半分钱关系。

还有一种"淆名"，

是因为太贪心。

不要用品类名作为品牌名。

有一种茶叫"福鼎白茶"。

搜"福鼎白茶"这个关键词，

能搜出一大堆，哪个才是你呢？

Facebook 更名为"Meta"，

遭到一致群嘲。

未来名字里带 Mate 的，

没有几千，也得几万吧。

听起来容易混淆的名字，也要绕行。

容易混淆的名字，是最差的名字。

宁愿无名，也不要"淆名"，

否则后患无穷。（山寨的、碰瓷的除外）

2. 不取"爽名""怪名""孤名"

名字不仅是品牌第一符号，

还是终身符号。

取名字，要长期化、战略化、系统化。

以下三种名，不要取：

爽名（短语名、热梗名、流行名），

怪名（生僻名、生造名、难叫名），

孤名（有地域限制的名字，

专属性过强的名字，没延展性的名字）。

"狗不理"名字虽"好"，但是个"孤名"，

很难进行品牌延伸。

"饿了么"是"爽名"，也是"孤名"，

外卖属性过强，

发展下去，也会遭遇"孤名"困境。

3. 不要陷入"好记陷阱"。

取名，我有个"四好"标准：

好叫、好记、好传播、好关联。

好记的名字，

不一定好叫、好传播、好关联。

某书店叫"覔"（mì，同"觅"字），

"覔"字视觉独特，

容易记忆，意思也很好，

但没多少人会读。

不会叫就无法传播，

也就成了"死名字"。

可口可乐最早译名叫"蝌蝌啃蜡"，

怪到生理不适，想不记住都难，

但你不想说，也不想传播。

还有，你能关联到可乐吗？

名字不能只好记。

名字首先是听觉的，

为了好记牺牲听觉得不偿失。

好记，要建立在其他"三好"之上。

4. 不要改名。

不要改名。不要改名。

改名就是改八字，就是改命。

即使名字不够好，也不要轻易改。

非要改，请遵守"四不原则"。

做到了"四不"，

你就赢了大多数名字。

论名

（取名十）

71

剑能不能杀人，取决于剑客。

名字的生命力，取决于品牌自身。

名字的生命是动态的：

好名字需要时间来验证。

好名字需要品牌来成就。

好名字要"有中生有"。

好名字要从 slogan 里来：

先有企业理念，再有企业名字。

先有品牌主张，再有品牌名字。

好名字不是调研出来的，

调研反映的是即时喜恶。

好名字是嫁给爱情的婚姻，

要一生一世。

取名的初级目的，是区隔识别。

取名的最终目的，是固化共识。

好名字，就是识别之后达成的共识。

五不读

72

（阅读一）

读书有个"五不"原则。

不要只读段子手。

你不能只读别解不读金庸。

段子手只为流量，

搞懂金庸需要你反复读原著。

碎片不是整面镜子，

虽然它有镜子的功能。

不要只读鸡汤文。

天天补鸡汤，缺铁少钙。

鸡汤喝得再饱，

你也不会变成营养师，

只会变成营养师的病人。

岁月从此静好。

把鸡汤当主食，

结果不是水饱就是厌食。

不要只读普及本。

易中天的《易中天品三国》要听，

也要读罗贯中的《三国演义》，

陈寿的《三国志》。

总用别人的眼睛阅读，

视力会严重下降。

不要只读工具书。

刚入行当然要读工具书，

熟练了，

还是要读原理书、修养书、源头书。

工具书只培养人才型工具，

不培养真正的人才。

不要只读成功学。

讲成功学的人都是"伪成功"，

成功从来不能复制。

赚到你的钱，

才是他们真正的成功学。

永远不要向秃子请教发型。

做到"五不"，你才真正开始读书。

三三制

（阅读二）

73

对于读书，有两个认知误区：

兴趣阅读。

必读书单。

兴趣是最好的老师，

兴趣也是最偏科的老师。

全凭兴趣阅读就是偏饮偏食。

读来读去还在自己的兴趣里。

成习惯了，就陷入自我投喂死循环了。

某某入门必读的 20 本书。

提升某某技能必看的 10 个大师。

千万不要迷信必读书单。

必读书单是推荐人的心愿清单。

在你从小到老的人生中，

除了课本不得不读，

不要让任何人绑架你的阅读权。

我一直遵循"三三制"读书法。

1. 兴趣性阅读

我不反对兴趣阅读。

我反对全凭兴趣阅读。

只有持续的兴趣阅读,

才能保持对书的兴趣。

不必对自己的兴趣羞耻,

怪力乱神,想读就读。

兴趣阅读占据我三分之一的精力。

2. 系统性阅读

不必读《四库全书》。

文案的系统阅读有两类:

一是人文类,二是营销类。

营销学历史短,

读三十本就可以。

人文类就相对复杂，

历史长门类多，

读三百本也不多。

怎么读呢?

不要只读书单里罗列的那些，

要读完整的人文史、营销史，

治文先治史，文案也如是。

3. 浸泡性阅读

写《7宗醉》，重温了《圣经》。

写《紫台笔记》，熟悉了"样式雷"。

浸泡阅读，就是"脑残粉"阅读。

把某个主题当爱豆，然后疯狂追星!

搜集关于他的一切，哪怕是花边八卦。

资料最大化，阅读最大化。

量变导致质变。

浸泡触发升华。

泡透了，你就是半个专家。

有人说：这是个与书有仇的年代。

不！书，只不过有了更多的形式。
音频、视频、电子书、网络课⋯⋯
都是书，都要阅读。

近远

易少

（练笔）

文案一定要有阅读习惯。

文案一定要有练笔习惯。

明星再美也要护肤，

否则化妆师都嫌弃。

拳王再牛也要练拳，

否则会被小弟一拳 K.O！

文案最终拼的是功底和修养。

练笔是功课。

阅读是修养。

专业高与低，

就是修养变现的多与少。

业余时间很少的文案，该怎么练笔？

1. 易

写容易写的。

朋友圈？ 小红书？ Facebook？

"两微一抖"，日记游记，

这些都是写作，但要用心写。

哪怕你是网络"喷子"，

也要长期喷薄！

《小丰现代汉语广告语法辞典》就是为喷而生，

被喷而火。

互撕也是写作，

撕得狠了也就撕出来了。

2. 近

写离你近的。

自己的生活才是最大的 IP。

给父母好好写一封信。

给心上人写段酸掉牙的话。

给爱宠建个主页，记录它的日常。

我已好多年没写广告文案。

我一直在写自己的生活文案。

写给女儿，写给儿子，也写给自己。

3. 少

写字数少的。少即是多。

迪伦的歌词字数很少，

但获了诺贝尔文学奖。

海子的诗歌字数很少，

但留在人心里的诗意最长。

诗、词、歌词、广告文案——

都是讲究分行、以少见多的短文体。

不会写歌词的诗人不是好文案。

4. 远

写离广告远的。

写诗，功夫在诗外。

做广告，功夫在广告之外。

设计不会美术，

文案不会文学，

专业的天花板会很低，

早晚被人工智能抽掉椅子。

AI 时代，你也可和各种写作软件比着写。

好的阅读和写作习惯，

能让你走得更远。

百闻不如一见，百见不如一练。

在民间　在写作

文案的
四个角色

75

文案所能扮演的四个角色：

快递、朋友、情人、牧师。

文案所能达到的四种境界：

快递、朋友、情人、牧师

1. 快递

用最少的文字快递最多的信息。

用最简单的文字快递最复杂的信息。

用最精准的文字快递最核心的信息。

不及时送达的快递不是好文案。

2. 朋友

懂得他的欲望。

懂得他的需求。

懂得他的喜好。

拉近距离，建立信任。

不懂目标客户的文案，

何以"杀熟"？！

3. 情人

会聊天。

会调情。

还要有魅力、有魔性。

杜蕾斯、江小白的文案都很有黏性。

不能有化学反应的文案，

就没有忠诚度和黏性。

4. 牧师

think different——苹果教。

just do it——耐克教。

文字的最高级：布道。

制造一个概念。

讲述一个道理。

宣示一种价值。

苹果的"不同凡想"，宣导一种价值观。

耐克的"just do it"，成为几代人的行动指令。

香奈儿始终引领时尚潮流：

每个女孩都该做到两点，

有品位并且光芒四射。

布道式文案要有中生有，

从品牌、从产品、从用户那里来。

布道式文案要无中生有，

从你的灵魂、心灵、情感里来。

不同的规定情境，

文案要扮演不同的角色。

好文案，不是出演自己的本色演员，

而是拿着别人剧本的性格演员。

语言的
四个阶次

学品牌、学营销、学传播，

文案们就是不学语言学。

语言学家宋振平把语言分为"三个平面"。

我在此基础上，

结合文案的专业属性，

把语言技术分为四个阶次。

1. 初阶：语法通不通？

不算标点符号，汉语语法大概分 6 级：

字（词）法，短语法，

单句法，复句法，

段落法，章法。

这 6 级语法，你通了吗？

只有搞通了语法，

你才有资格有能力"不守法"。

2. 中阶：修辞达不达？

修辞是什么？

一种能够在任何情况下找到

可能的说服手段的能力。

——亚里士多德

人使用词语形成态度或导致他人采取行动。

——伯克

据统计：

修辞手法可分为 63 大类、78 小类，

不少于 140 种。

只"比喻"这个修辞格，

就有 12 种之多。

修辞要达。

修辞再精妙，

没能"说服"，就是"未达"。

"修辞"能达，

就是传统的"好文案"了。

大多数文案，

一辈子都被"封印"在这个阶次。

3. 高阶：语体活不活？

专门讲过"语体"。

"活"，指的是"体变"。❶

4. 顶阶：风格独不独？

只有大师级文案，

才能迈上这一阶次。

一种是名家。

无论为哪个品牌写文案，

---

❶ 见"33 语体　体变"。

总有个人风格。

如：许舜英、李欣频……

（所服务品牌必须处于自己的风格圈）

一种是大家。

无论为哪个品牌写文案，

都能为其定制风格。

像：伯恩巴克、尼尔·法兰奇……

（风格整体辨识度不如名家）

文案不懂语言学，

等于海滩救生员不学游泳。

文案不懂活用语言学，

等于海滩救生员只会在海滩游泳。

天天喊进阶，请问你身在哪一阶？

成

文案是
一种能力

文案大于广告。

文案大于营销。

文案大于创意。

文案大于对文案的定义。

语言，是这个世界上最基础，

使用率最高，

应用场景最广的工具。

填简历求职是文案。

微信群搭讪是文案。

发朋友圈是文案。

做自媒体是文案。

约翰·列侬的歌词是文案。

马丁·路德·金的演讲是文案。

李白是一枚诗性文案。

谁说 ChatGPT 不是一枚统计型文案？

某脱口秀大咖，原来是文案。

某著名原创歌手，最早是文案。

某旅游畅销书作家，

是从麦迪逊大街出走的文案。

某时事类网红，

是在我这儿爬了多年格子的文案。

我身边的文案朋友，都不仅是文案。

他们同时也是诗人、作家、编剧、博主。

（怕翻车，就不提具体名字了。）

我最早写诗，后来是喜剧编剧，

再后来干广告，写各种书，

现在做做培训，

用的都是同一种能力：文案。

文案是一种能力，

不是某种行业，不是某个职位。

千万不要画文为牢，自戴枷锁了。

学文案，是为了获取驾驭语言的能力。

炼化了第三部语法，

拥有了真正的文案能力，

你就有了一技之长，有了安身立命之本。

勘破文案真正身世，你才能仗剑天涯。

江很长，湖很广，江湖浩荡任你闯。

附　录

❶

小丰的语法自训

❷

小丰的语法实践

❸

世纪瑞博刀客自测法

1

小丰的语法自训

古诗一首

醉春令　　鞭 炮 声 声 擂 战 鼓

　　　　　　哼 哈 二 将 门 上 舞

　　　　　　水 煮 饺 子 百 万 兵

　　　　　　醉 倒 灶 王 千 家 福

改古词一首

虞美人　　春花凝眸秋月

此情何曾了

小楼寄梦东风

往事吹逝多少

莫回首　莫回首

故国月明朱颜俏

雕栏犹在玉砌旧

花正春风月又秋

问君能有几多愁

一江春　水东流

问君能有几多愁

一江春　水东流

现代诗三首

风 来

梦中得诗

给丰来

2019 年 3 月 25 日

收集你清亮的笑声

藏在铃铛里

挂在屋檐上

路过的白云

牧羊犬

都远远看到

很多人期盼春天

因为黑直的长发

洁白的裙角

我喜欢春天

因为远来的春风

就像温柔的手指

轻握着一条条

无形的彩绳

唐诗奇缘

梦中得诗

给丰采依依

2019 年 4 月 15 日

你想住在哪首诗里

去初唐的水池

问问骆宾王的鹅

是否遇到你的小黄鸭

还是追逐两只黄鹂

杜甫家里做客

荡一荡黄四娘的秋千架

唐诗里住了很多月亮

诗人们饮下月光

吐出飞天的嫦娥

玉兔是大雪怪变的吗

广寒宫比冰雪城堡更高吗

爱跳舞的嫦娥

是爱莎公主的东方姐妹吗

唐诗里总在下雨

小猪佩奇喜欢的那种雨

你和汪汪队长莱德

钻进盛唐的细雨

是要救援李白千古的忧郁吗

来吧，一起来诗里雨里

踩着五言　七绝　七律

开心地跳泥坑吧

你藏在哪首诗里

绝句中的探险该结束了

迪士尼的公主们都回家了

杜牧醉倒的床下

找出你的嫩绿滑板车

从李商隐的荷塘旁急转弯

绕过韵脚

跳过平仄

让我们从晚唐的石板路

滑回故乡吧

瓜与虫

是林语堂？

打酱油的槽老头，闯了祸的熊孩子。孤独时我反复猜：哪个才

——题记

夏夜是一只飞蝇

嗡嗡着童年街巷

路灯记得一切喧闹

却又模糊成老皮影

自行车暴躁的铃声

西瓜一样饱满滚圆

扫射着小媳妇的耳环

和商贩们的扩音喇叭

一个像样的童年

少不了偷吃的大黄狗

整条街的捣蛋鬼

紧随着反派登场

孩子们总在拼死冲锋

向着空气里的

大坏蛋和肥皂泡

发起一轮又一轮强攻

却成功地撞翻了

一个打酱油的老头

他慢慢爬起来

掸掸长衫上的灰

微笑着

冲孩子摊开手

手心里躺着两个字

和一粒糖

（从林语堂对"孤独"的拆解中，

我继续拆拆拆，拆出了这首小诗。）

鸡汤文一篇

情深说不得：一种是不想说，说了无趣、无奈也无果，此情可待，当时惘然；一种是不能说，说了有憾、有悔也有泪，子欲养，亲何在？说不得，却记得，随人生沉淀，任时光消磨。时间长了，仿佛忘了。可即便心结菩提果，外表光滑坚硬，内里却仍记刻着深深纹理——那么清，那么美，一幅情感的枯山水。

情不知所起，一往而深；情亦不知所终，一忘而浅？大千红尘，缘起缘灭，终难逃为情所困。情到至深是无言，不必说，不相问，不需忘。唯愿此生因情而遇，随情而安，心灿似千眼菩提，情藏如白描水墨。

❷

小丰的语法实践

御香山

仰首万林杏

倾心千山香

半坡掩榭亭

墅一别地天

杏林万首仰

香山千心倾

亭榭掩坡半

天地别一墅

此诗为回文诗，也称逆文诗，将上句逆读即为下句。此诗中提到的香山 / 杏林均为北京近郊的地名。

长安山麓 ❶

山望西长街　街长西望山

麓观南石阜 ❷　阜石南观麓

花映泉上洲　洲上泉映花

墅叠林中城　城中林叠墅

❶ "双句回文诗""倒读回头诗""藏头诗""藏尾诗"在古体诗创作中屡见不鲜，但如《长安山麓》般集四种形式于一诗，可谓前所未有，别开生面。
"双句回文"：将诗的上句完全倒过来，即为诗的下句，上下句互为镜像。
"倒读回文"：全诗既可按顺序正读，又可通篇倒读而另有新意。
"藏头""藏尾"：将诗文每行的排头字与排尾字分别竖读可得之。本诗的"藏头字"和"藏尾字"完全相同，均为：山麓花墅。

❷ 阜石：阜石路。汇聚西长安街、阜石路、西四环数条城市主干线，纵达天安门、金融街、中关村等中国政经要地。

　也
麓　　可
　山　观

每退一字，按顺时针方向可读作：

可观山麓也，观山麓也可，山麓也可观，

麓也可观山，也可观山麓。

墅
城 不
离 可

每退一字，按顺时针方向可读作：

墅不可离城，不可离城墅，可离城墅不，

离城墅不可，墅不可离城。

也

林　　可

泉　赏

每退一字，按顺时针方向可读作：

可赏泉林也，赏泉林也可，泉林也可赏，

林也可赏泉，也可赏泉林。

中国的文人骚客常常借回文诗展示文采，其中的"环复回文"更是中华文化独有的一朵奇葩，难度高且独具一格。例如上面三句，五个字无论从哪个字读起都是一句意韵深长的诗。

图形诗词是我国古代韵文创作中一种机趣的形式，文字排列的形状有几何形，也有茶壶形、龟形、山形体等形状。苏东坡就曾自创三角形回文诗。

山麓赋

麓
何处
繁华路
长安日暮
鸟语映花竹
芳草洲绿极目
山外青山树连树
叹天下红尘失其麓
多少名马香车趋若鹜
往来无喧嚣谈笑唯鸿儒
出则名退则隐何需分身术
瞰奇山观茂林赏美泉居城墅

去案牍远丝竹忘陋室栖名府
归田园采菊东篱闲庭信步
醉卧水畔花间渔樵耕读
春风秋月冬雪细评述
任四方英雄共逐麓
我自逍遥游几度
抬望眼穷诗书
千金难寸土
长安如故
世间物
谁主
麓

树象

长街短程山连山

大宅小桥竹并竹

曲径花影树上树

回首月缺墅叠墅

迷象诗：即望图生文，通过人为图像化了的文字特征来连缀诗句，只有极少数的汉字才可用来做迷象诗的"种子"，创作难度非常高。因此，在中国这样一个诗歌大国，流传至今的迷象诗也不过几十首。

〔一〕

街	程	屾
宅	桥	竹
徙	蕈	树
首	月	鼍

山象

三山五园镜里画

一日双霞几上华

长御杏林心无憾

香倾半山四面花

屾　園園園園　鏡

日　霞　先

御　嵞　慽

香　山　莶

3

世纪瑞博刀客自测法

世纪瑞博

刀客报广文案自测 16 条

标 题

1. 成语、对联都去了吗?

□是 □再改改

2. 废话都删了吗?

□是 □再检查检查

3. 试试用同义词来说?

最可爱的 3 个同义词

甲: 乙: 丙:

最终选定词:

4. 试试用反义词来说?

最有性格的 3 个反义词

甲: 乙: 丙:

最终选定词:

5. 能不能换个句式?

　　(比如:祈使句、反问句等。)

　　□不能了　　□再换换

6. 语序能不能颠倒?

　　□不能了　　□试试看

7. 如果很长——先给个理由!

　　理由如下:

8. 确认没有模仿别人吗? 否则, 啊哈,
　　可要重来一遍!

9. 最后, 请出声读一遍。

内 文

1. 承接标题了吗?
   □是   □再调调

2. 把一段文字分成几行如何?
   □不能再分了   □再分分看

3. 每行只有一个诉求点吗?
   □是   □再分分

4. 各行之间是否有关联?
   □有   □再理理

5. 关联词都去了吗?
   □不能再去了   □再删删看

6. 内文还能再删吗?
   □不能了   □再看看

7. 最后，请出声读一遍。

后 记　　2019 年 10 月 16 日

语法
之外

文字的本质不是文字。

文字的本质是它所承载的内容。

语法的本质也不是语法。

语法的本质是更好地表达内容。

一个好剑客重点不是招式，

而是杀人于无形。

一个好文案重点也不是语法，

而是内容牛 ×。

千变万化，内容为本。

千秋万代，内容为王。

语法是皮毛，

内容是老虎，

与虎谋皮是本末倒置，是找死。

世界上没有武功秘籍。

红尘里也没有羽化仙丹。

语法可教可学，

内容却必须自产自造。

普通内容来自经验，

牛 × 内容来自体验。

经验来自多读多学多做，

体验来自多感多思多悟。

梵高是色盲。

贝多芬是聋子。

雨果是话痨。

鲍勃·迪伦是公鸭嗓。

——不可逆的技术缺陷，

阻碍不了他们成为超级 IP。

这只是一本讲语法的书。

语法只是技术层面的东西，

而技术永远不是最重要的！

——受人以渔，不如授己以鱼，

我也只能帮您到这里了。

图书在版编目（CIP）数据

小丰现代汉语广告语法辞典 / 丰信东著. — 北京：
东方出版社，2024.1
（小丰广告创作系列）
ISBN 978-7-5207-3722-7

Ⅰ . ①小… Ⅱ . ①丰… Ⅲ . ①现代汉语－广告－语法
－词典 Ⅳ . ① H146-61

中国国家版本馆 CIP 数据核字（2023）第 207675 号

小丰现代汉语广告语法辞典
〔 XIAOFENG XIANDAI HANYU GUANGGAO YUFA CIDIAN 〕

作　　者：丰信东
责任编辑：江丹丹　杨　灿
责任审校：孟昭勤　赵鹏丽
出　　版：东方出版社
发　　行：人民东方出版传媒有限公司
地　　址：北京市东城区朝阳门内大街 166 号
邮　　编：100010
印　　刷：北京文昌阁彩色印刷有限责任公司
版　　次：2024 年 1 月第 1 版
印　　次：2024 年 1 月第 1 次印刷
开　　本：710 毫米 x1000 毫米　1/32
印　　张：12.75
字　　数：122 千字
书　　号：ISBN 978-7-5207-3722-7
定　　价：198.00 元
发行电话：（010）85924663 85924644 85924641

Modern
Chinese
Advertising Guide Book

广告人成长手记

丰信东 著

人民东方出版传媒
People's Oriental Publishing & Media

东方出版社
The Oriental Press

广告老炮
成长记

致我们始终
坚守的青春

我，小丰，影视编导专业，中戏毕业。毕业即失业，离开东棉花胡同那天，我就正式加入了"北漂"大军。

混过剧组，给一个叫《龙子龙孙》的喜剧写过几幕台词；当过编辑，在《大学生》杂志社做过几个月临时工。

1996 年年底，经李樯师兄介绍，我进入了一个叫"创维"的广告公司，从此开始了我的广告人生。

从本土小公司，到国际 4A 大公司，再到自己开公司 —— 一个广告青年在摸爬滚打中成长。作为一个已近退休年龄的广告老炮，我确实要对行业新人开几"炮"。

一、梦想是需要修正的

我读中戏是要成为作家的，结果为生活所迫，误打误撞干了广告。最初总有一种背叛了梦想的纠结，想着有一天"重操旧梦"。相信不少年轻人有类似经历，干着和自己梦想不符的工作，这其实挺煎熬的。

当"工作"和"梦想"同床异梦时，你必须做个选择：要么修正梦想继续工作；要么放弃现有工作去追梦。

年少时的梦想大部分是"假性"的，当你进入社会才知道合不合身。任何工作都可以承载梦想，你要让梦想照亮现实。

我修正了我的梦想，我最终也实现了我的梦想。

我写了四五本书，创作了不少作品，最重要的是还有很多人读 —— 最终圆了我的"作家"梦。

二、梦想只能修正一次

当我确立了"广告梦"时，就切断了和以前圈子的来往。

梦想需要修正，但更重要的是坚持。从 1996 年到现在，从现在到未来，我仍旧会坚持下去。

频繁修正梦想，是对梦想的逃避。一个和我情形相似的朋友，影视圈混得不顺就回广告圈，不停折腾。如此反复多次，到现在一事无成，已处于半失业状态。

不是选择广告就对，选择影视就不对。任何选择都是对的，但不坚持是不对的。

介绍我进入广告行业的那位李樯，最终选择了做影视编剧。坚持到现在，也已是著名编剧，并写出了《孔雀》《致我们终将逝去的青春》这样的佳作。

在这里，我也正式感谢下李樯师兄——致我们始终坚守的青春！

三、梦想不是"做自己"！

"你的梦想是什么？"

"你要永远做自己！"

—— 某档大俗的综艺节目的两大金句。

梦想不是做自己、耍个性。

梦想是让自己更接近梦想。

梦想是批判工具。

用梦想批判自己。

用梦想批判现实。

用梦想批判权威。

用梦想批判所有的金科玉律。

一个广告人，必须在梦想的批判声中成长，这样你才能突破藩篱高于现实，让自己活成"梦想"的样子。

梦想，是态度。

是从事这个行业研磨这个专业的态度。

四、广告人的"正态度"

有太多"工具书"。

有太多"案例书"。

有太多"装 × 书"。

我们缺一本讲"态度"的书。

态度其实是你的价值观。

价值观决定你的广告观。

广告观是专业观 + 职业观。

有"三观"，才有态度。

态度不是个性。

做广告，要有态度。

做广告，不要跩个性。

态度是脑袋，个性是发型。

没有态度的个性，

就是没有脑袋的假发套。

把个性当态度，容易得"性"病。

小丰的广告态度很简单：

批判现实主义。

行活儿大师，是放弃了专业批判。

平庸员工，是抛弃了自我批判。

有批判，才有成长。

有批判，才能拒绝平庸。

没有批判，就只剩下油腻的现实。

批判不能脱离现实。

批判现实是为了改造现实。

批判现实是为了实现更好的现实。

一篇"泥石流"的公号文，

好过十篇高大上的"清流"理论。

一支很牛的出街稿，胜过一百支获奖的"飞机稿"！

我说的态度是"正态度"。

"无所谓"可以是艺术态度，但不能是专业态度。

"忍跪舔"可以是泡妞态度，

但不能是你对客户的态度。

"态度"千万种，无对错，但有正负！

态度是互撕撕出来的。

态度是死磕磕出来的。

这本手记是互撕录。

这本手记是死磕史。

广告人生有涯也无涯。

广大文艺青年：

哪怕你衣品败坏发型暴乱，

但面对环境、专业和工作，

你一定要端起你的"正态度"！

这本书，是我入行到现在重要文章的汇总，记录了我的思考和成长。书中的大部分内容曾收录在《小丰广告檄文选》和《迷象》里，但一直作为世纪瑞博的内训资料使用，没有公开发行过。

当时写这些文章，都是随手而为，没有想过要成书出版。名为"檄文"有些名不副实，所以趁这次的出版机会，更名为"手记"。

成长路径不可复制，每个人都是一棵独立的树。我只是一棵老树，有人会看到枯枝，有人会看到风景，也有人会看到年轮，这最终取决于你自己的眼睛。

变形记

房地禅

丰论坛

创异志

答客辩

对画录

异言堂

丰言丰语

附 录

变形记

板砖、灌水、群殴、刷屏！！！

『罗大佐』——这个虚拟中的罗大佑的弟弟，在四面网骂中茁壮成长，直到被骂成了A网很牛的广告达人！

《广告青年变形记》，写的就是你！

变形记一

广告青年
变形记之一

看多了广告圈的男男女女、是是非非，才知道人生最大的痛苦不在于选择了自己不爱的工作，而是选择了自己力不从心的行业。

一个个纯洁的青年就因此而堕落。

因为力不从心，就认为自己只适合 4A，好不容易爬进 4A 又被 4A 踢回本土，不过也算大有收获。说话中多了些港台腔，多少也知道些广告大佬的典故而且工资可以涨涨了，虽然只能混短短的几个月。

因为力不从心，就认为自己多才多能，设计转文案，文案转策划，跨专业多角度全方位玩转广告。你有深度我有广度，每日入睡前以此安慰自己那点可怜可悲的专业能力。

公司换了又换专业变了又变，那就把自己当外国才子，认为中国广告公司环境太差了，于是只剩下最后一条路，那就是自己开公司。

如果公司开不下去怎么办，那就卖资料卖北京上海广州广告人的身份，铁了心去黑那些外地小公司。

如果这一切的一切都破灭后怎么办呢？！

那就只有让灵魂变形了！那就或傍着有钱的广告公司的老板，或游走于没钱的小广告公司之间，玩政治玩帮派玩阴谋诡计两面三刀捧人踩人的下三路游戏了！没办法呀，人总是要吃喝拉撒的。用一位著名美指的话说："这种人早晚要横着走的。"

因为力不从心，一个纯洁的广告青年变形成了垃圾……臭虫。可悲可惜可怜可叹！不过话说回来，在广告这堆大垃圾上再多些脏东西也实属正常。

因此，在此奉劝青年们，入行前一定要想好自己是否有能力从事这一行。力不从心的同志尽早退出来，以防自己变形的那一天！因为，脏老鼠过街总要人人喊打，屎壳郎垫桌腿早晚会粉身碎骨！

以上现象只是广告这个行当每日上演的悲剧之一，各位切莫对号入座，真的被刺痛的人肯定会进行人身攻击。请大家拭目以待吧！浮闹的广告界需要一点醒世恒言。

变形记二

广告青年
变形记之二

"远看像搞广告的，近看像被广告搞的。"

"我是流氓我广告！"

广告是一场智力体操、名利游戏、提款运动——这只是对少数大佬而言。广告对于大多数从业者只是一份现实而辛苦的工作。但偏偏有人把广告当作一个标签把它弄得脏兮兮的然后贴在自己的脸上。

说话唯恐不脏穿着唯恐不怪举止唯恐不色，就连在卫生间里的生命垃圾时段也唯恐别人认不出他们是干广告的。

出了张唱片的摇滚歌星就会过上更肮脏的生活，尽管我们没有一首可以肮脏得传世的摇滚。

广告没干几天，就离不开所谓的广告人生活了，尽管还没有一个像样的出街广告作品。

在满嘴中英文脏话的背后是土得掉渣苍白得流水的设计和文案。在"前卫＋流氓"做派的里面是恐慌和自卑。

都是些什么人呀？

脏话是他唯一和国际接轨的作品。

周末是泡吧泡妞泡帅哥的老手，周一是提案泡汤的高手。生活上创意无限，作品上阳痿不堪。男辫也好，文身也好——广告本来就是稀奇古怪乱七八糟，有什么生活方式请转化为你的表达方式。

肮脏也罢，淫乱也罢，流氓也罢——广告人向来不是什么正人君子，有什么生活态度请让你的作品说话。

生活多么牛！混得一时，混不得一世。有实力未必有人买账，没实力生活绝不为你买单！

时间流转得就像不收费的自来水，也许有一天你会发现，被你的流氓样吓住的只有街边卖报纸的老太太和你自己。

变形记三

广告青年
变形记之三

纯属虚构，切莫对号入座，大家看着呢！

一个青年，刚踏入这个行业两年，就会迅速地由一个广告青年变形为一个脏话青年、愤怒青年、问题青年！

没有一个青年不认为自己是很创意很设计很文案很总监的，没有一个青年不认为这个世界这个城市这个公司应该慧眼识珠伯乐识马幸会幸会——对他这颗正在冉冉升起的明日之星温良恭俭五讲四美三热爱的，没有一个青年不认为自己是北京来的许文强又文又强仅凭赤手空拳就能有情有义有款有型地喋血龙之媒书店后海酒吧三里屯北街的，哪怕死也要人模狗样地死在十里长安街旁繁华的马路牙子上，再次也得混个冯敬尧的前女婿，冯程程的前丈夫——丁力吧！

可现实不是这样的——

这个行业是要吃人的！

就是泡在夜总会上班的许文强们也不比咱们每天收工回家的时间更晚。

每天用庸俗审美肢解你的同行比想肢解了黄金荣的同道更哥儿们。

你有没有那么一丁点儿小聪明先另说吧。

你真正流血了吗？公司炒了你客户毙了你财务骗

了你总监骂了你同事涮了你，你就很正义地认为伤自尊了，你就很性格地大叫被"强奸"了，你就很傲骨地说我不干了——我也就耻笑地认为你就别出来混了，回家做个妈妈的好宝宝吧！

这个世界是残疾的，可很多牛哄哄的广告青年很踮地被这个残疾人一拳给放了个四脚朝天！

你真有理想吗？理想不会见不得肮脏的光。

你真有才华吗？才华不会在肮脏中一点不发光。

刚干这一行，谁没有那么一点假性理想假性才华假性执着呢？你的遭遇和别人没什么不同，请不要把广告新人不适症的种种排异反应看作自己很叛逆很性格；你的悲剧和别人没什么不同，请不要把自己能力缺乏意志脆弱创意失败当成自己很英雄很悲壮。

我想说：你对广告真的好，广告才会对你好；你对广告真的流了血，广告才会为你见红。你要真的对广告有理想，请先勇敢地面对这个肮脏的世界。

另外，无论你有多伟大的想法多精彩的牢骚多扎眼的网论，请先去你自己的硬盘里仔细淘淘——能不能拿出有分量的作品，没有，请不要乱找原因，你就是个"屁"；有，你也只不过是个"响屁"。做这个行业首先就认命吧——我们顶多制造一点有味道的空气。

永远不要原谅自己——从"屁"做起，踏踏实实的吧！

不！有一类青年注定是要变形的！

跑到奥美租界或者阳狮码头先混个名头，替外国人扛包也是为外国人做事呀，在租界做苦力也算是在租界办公吧，是啊是啊大家都是混口饭吃，那何必挟洋自重呢！

更有一种就变得很脏了——脏字满天飞网文到处有对谁都不忿，但说来说去大意如下：

中国广告很烂（是大环境烂，他不烂）

中国广告没救了（他也就这样了！）

广告是个"狗屁"专业（是行业不专业，他很专业）

客户总是"强奸"我（作品很烂是事实，但我是被迫的）

那是客户好（……）

我不干广告了（现在只是玩玩，没专心做所以没做好）

把中国广告妖魔化来掩饰自己的无力？把整个行业末日化来掩饰自己的无能？把别人的帖子肮脏化来掩饰自己的无聊？比脏的胜率比比稿的胜率要大，于是青年越来越青脏话越来越脏混水越来越混网络越来越网——唉，我也就越来越不爱来。

喂！脏话青年、愤怒青年、问题青年们，对着镜子照照吧，你是发哥（周润发）吗？你不是发哥，你真的既不酷又不帅又没型又没款很怕疼特没勇气，你的那点小才华小聪明小性格只不过是每个年轻人脸上都会有的青春小痘痘而已，会随着年华老去坎坷增多心理异变消失得无影无踪换上几个八成新的老人斑。

这点青春期的小烦恼，谁没有过呢？说来说去也就是一俗嗑。

最后只说一句吧，如果说中国广告真的很烂，我们都是同谋！如果你真的还有热血沸腾，如果你不是满身脆骨，让我们承认吧！面对吧！一起改变吧！至少，至少，至少，老大们，别妄自菲薄地诋毁它吧！

中国广告的血像小甜甜的指甲油一样猩红呢！

大佐

写给流血的中国广告

变形记四

广告师父
变形记

我有三个师父。

正因为有了这三个师父，罗大佐才有了粉丝铁丝铜钒锌锗丝这"网爆三丝"，罗大佐才成为罗大佐；正因为有了这三个师父，小丰才有了男徒女徒不男不女之徒这"三级牛徒"，小丰才成为小丰。虽然我一直认为创意和师父成反比，虽然我一直认为真正的牛人都是无师自通的天生逆徒，但很遗憾很遗憾很遗憾，我确实有过三个师父，这是我一生抹不去的光荣和污点。

我敢说，这个世界上，没有人比我这三个师父更厉害！过去没有，现在没有，将来也不会有！即使你飞向月亮上的兔子、吴刚，也绝对没有。有了这么厉害的师父，才有了我这样相对厉害的徒弟。

广大广告青年注意了——师父真的很重要！

师父首先是一个人，三个师父当然就是三个人。今天我要说的就是小丰和这三个人的故事。

我的第一个师父是敌人。

一个人一生可以没有像样的情人，但绝对不能没有高质量的敌人。许多广告青年没有找到好师父，是因为没有找对一个好敌人。我想说的是，你可以很"愤青"，但千万不要对这个世界充满敌意，千万不要把你的同事和朋友当作敌人，一个真正的敌人没那么容易遇到，我看到太多的"愤青"选错了敌人，最终由"愤青"沦为"粪青"愤愤而终。你一定要记住，这个世界上，没有几个人有资格成为你的师父，也没有几个人有资格成为你的敌人。

一个够格的师父或敌人不仅要有模有样、有智慧、有专业，更要有以下两个常人所不具备的品质。

首先，他要有近乎变态的窥视欲。他知道你的命门在右脚跟的那颗黑痣旁，他知道你在使用长句式时总是搞不清顿号和分号，他知道你在折腾苹果鼠标时小指总是无意识地翘着。他窥视你一切的一切，然后不遗余力地攻击你，甚至你使用了一张盗版图片他都会通过图片公司的律师函让你猜猜——他是否知道了！他一直用他无边的"知道"和无耻的行为提醒你督促你，让你一直小心翼翼如履薄冰好好学习天天向上，真的真的真的，他的及时和准确绝不亚于"用生命做广告的侯总"的劳斯丹顿名表。

其次，他要有死缠烂打的竞赛精神。你把广告当作事业，但是他把你当作事业。当你觉得 game over 的时候，他会纠缠着重新洗牌，从头再来。当你停止了专业进步的时候，你会发现他仍旧鬼鬼祟祟地碎步跟着。屡战屡败但屡败屡战，他完全不计较个人得失，仿佛今生只为成就你而来。一旦他高过了你，他就会搬起石头给你制造路障，或者干脆就把你当作应该清除的路障，这可是要出人命的，所以，你一定不能让他在你的上方。于是，你又重新上路，路漫漫其修远兮，你不得不上下左右而求索。一个"牛"的创意豪杰是炼不成的，他是被"逼"成的！只有经过了这个过程，你才真正理解了"牛"这个字深不见底的隐秘含义。

遇到一个这样的敌人是你的幸运。所以，你一定要珍惜他，要爱他。你的一生会不停地遇到这样的敌人，你的一生会不停地遇到这样的师父。当你遇到的越来越少，那说明你在慢慢地出师了；当你遇到的越来越少，那说明你也越来越孤独了。

好的敌人如同好的情人，时过境迁便此情难再，现在看来，我的第一个师父最最可爱！

我的第二个师父是小人。

敌人磨你筋骨苦你心志，小人则一心一意抽你的筋挖你的心。

小人最爱嫉妒。但我一直认为别人的嫉妒是对你的最好赞赏！虽然小人在嫉妒时的表情肌肉不那么入画，但也可以凑合着当恐怖片来娱乐身心。对小人你一定要睁大眼睛，小人经常以你朋友的身份出现，这时候的他们用真名说赞美你的假话；小人也经常以网友的身份出现，这时候的他们用假名说诋毁你的真话。你要学会欣赏这真真假假，你要学会玩味这虚虚实实。

大红花还需俗绿叶来配，小人甘做绿叶的精神你不得不钦佩。所以，永远不要剥夺他们的绿叶权。

小人甘做绿叶当然好，但他们总是搬弄是非造谣撞骗让你不胜其扰，这可是小人给你的第二个大礼包，你就把他们当免费的娱记看吧。你没看到冰冰和祖德们没有小人捣乱急得袒胸露乳上天入地，最后只得自掏腰包请枪手们"向我开炮"吗？！有这么一帮埋伏在广告圈暗处的神枪手免费为你大造花边恶意炒作，你想不成名都难呢！"罗大佐"早已不在江湖，但为什么江湖上依旧有"罗大佐"的传说？在这里，我小丰谨代表"罗大佐"真诚地谢谢你们！

毁不了你，谤不了你，那就干脆顶着你的名义干坏事。小人善于抄袭模仿，小人也永远只会抄袭模仿。所以，李鬼是颇有市场的，就是别碰到李逵。只可惜我遇到过的几个李鬼 EQ 太低，一边冒充着李逵一边还嚷嚷着李逵没什么真家伙，时间长了，被忽悠过的人也不禁想他究竟是人是鬼？！其实，李鬼永远是李鬼，李逵永远是李逵。他泼了你一身脏水你只当洗了一回泥浴吧，他溅了你一身唾沫星子你就当玩了次过期的SPA吧。李鬼让李逵愤怒，小人则让我学会宽容，李逵只看到了李鬼的可气，我则感到了李鬼的可怜——做人要厚道！

敌人让你在专业上绝不松懈精益求精，小人却旨在提高你的人生修养，让你学会面对生活和事业上的这些肮脏龌龊，练就你高超的排干扰能力和干干净净的心境，让你五讲四美三热爱，让你毁誉随风宠辱不惊——我的第二个师父除了有点可怜，还最最可敬！

第一个师父是敌人，第二个师父是小人，我的第三个师父是鸟人。

　　我说的鸟人并不特指那些说"鸟语"的广告人，当然，也不妨包括他们。

　　说"鸟语"的广告人不乏好人，但有相当一批说"鸟语"的广告人，既非好鸟也非好人。

　　我觉得真正好的港台创意人首先是把自己当人而不是当鸟。看看吧——那些天天坐着港龙航空商务舱飞来飞去的鸟经理，那些年年揣着"飞机稿"飞坎城飞纽约的鸟评委，那些时时刻刻身在笼中却自以为高高在上的鸟总监——中国广告界整个就是一部《鸟的飞行》的纪录片，但你大可不必和他们生气。这些鸟师父让我思考真正的汉语广告而非"鸟语"广告，《小丰现代汉语广告语法辞典》就是在一片鸟语呢喃中摸索汉语发声的，抚今追昔，鸟师父们对这本书的诞生功莫大焉，鸟师父们对我的学术进步功莫大焉。

我的师父除了这些说"鸟语"的广告人外，还包括那些不说"鸟语"的各色广告鸟人。这种鸟人是真正的鸟人，他们崇鸟媚鸟奉"鸟语"广告为世间唯一真理，就连言谈举止都无意中带着一股刻意的鸟味，凡不符合鸟风鸟俗的广告全部鸟窝里放屁连风吹带打击（鸡），真是岂有鸟理！洒落在中国本土广告上的一摊摊鸟粪，大多来自他们的鸟屁股。人在鸟林走，难免粘几粒鸟粪，这提醒我走路时不仅要脚踏实地，也要时时抬头看看天空，中国广告的这片林子大了，什么鸟粪都有！由此可见，我的这第三个师父不仅关于意识形态，而且关乎学术，所以我的第三个师父最最了不起！

这个世界上没有什么世外仙谷能让你绝处逢生，有的话也早就被开发成旅游胜地了，仙谷里也没什么遗世古猿能教你绝世武功，有的话也早就被放在餐桌上摆宴了。

　　我想我们这一代人对师徒观念的最初了解大都来自武侠小说，什么得了几页破书就可以少奋斗N年笑傲江湖，什么遇到了一个奇人就可以跨基因遗传一甲子的功力，其实这些都只是几个小个子丑男人用以谋生的幻想而已，广告青年们，醒醒吧，千万不要把自己的一生交给他们的幻想。

　　金庸老先生嘛，也只是个被某明星的床戏就能忽悠倒的凡夫俗子而已。

　　不用去翻什么百晓生的兵器谱，不用去网上检索金庸小说里谁武功第一。说到底，敌人、小人、鸟人才是这世间最厉害的三个师父，稍不小心你就死定了，你就会很难看地倒卧在你的职业生涯的半路上，被无数双脚踏过。敌人、小人、鸟人也是这世间最好的三个师父，你也许会遇到许多人对你言传身教，但我敢保证，他们所能给你的绝对比不过这三个师父。

我的这三个师父，你一定也遇到过。

我的这三个师父，也一直就在你的身边。

如果你的眼睛看不到这三个师父，那说明你是个超级无敌大笨蛋。如果你看到了他们，却故意错过，那么你就错过了你人生最大的一笔财富。

最后我说一句，我不收学生，也不做师父。因为，广告可以学习，人生却永远不可教育。一个最成功的师父只要做到一点就够了：克制自己——永远不要去做徒弟的敌人、小人和鸟人。

每个人的人生道路上都有三个师父。

每个人都会和这三个师父发生不同的故事。

　　属于他的那三个师父，始终在路的尽头默默地等着他呢。你所能做的，就是静静地送他上路，然后定格，目送他渐行渐远的背影，看着他像当初年少轻狂的你一样——去拜师、去学艺、去悲、去喜、去疯、去痴、去生或者去死！

房地禅

『专栏』——『专』门治『懒』。

一周2000字是个轻松的数字，但周周2000字却是个巨大的心理压力！！『禅』了一个多月，回顾梳理了自己的一些案例，算是给自己的房地产广告生涯画上了一个小小的『逗号』。最近因为要出书，重新读了一遍，有些吃惊且羞怯地发现，自己除了懒，还有那么一点——人文！

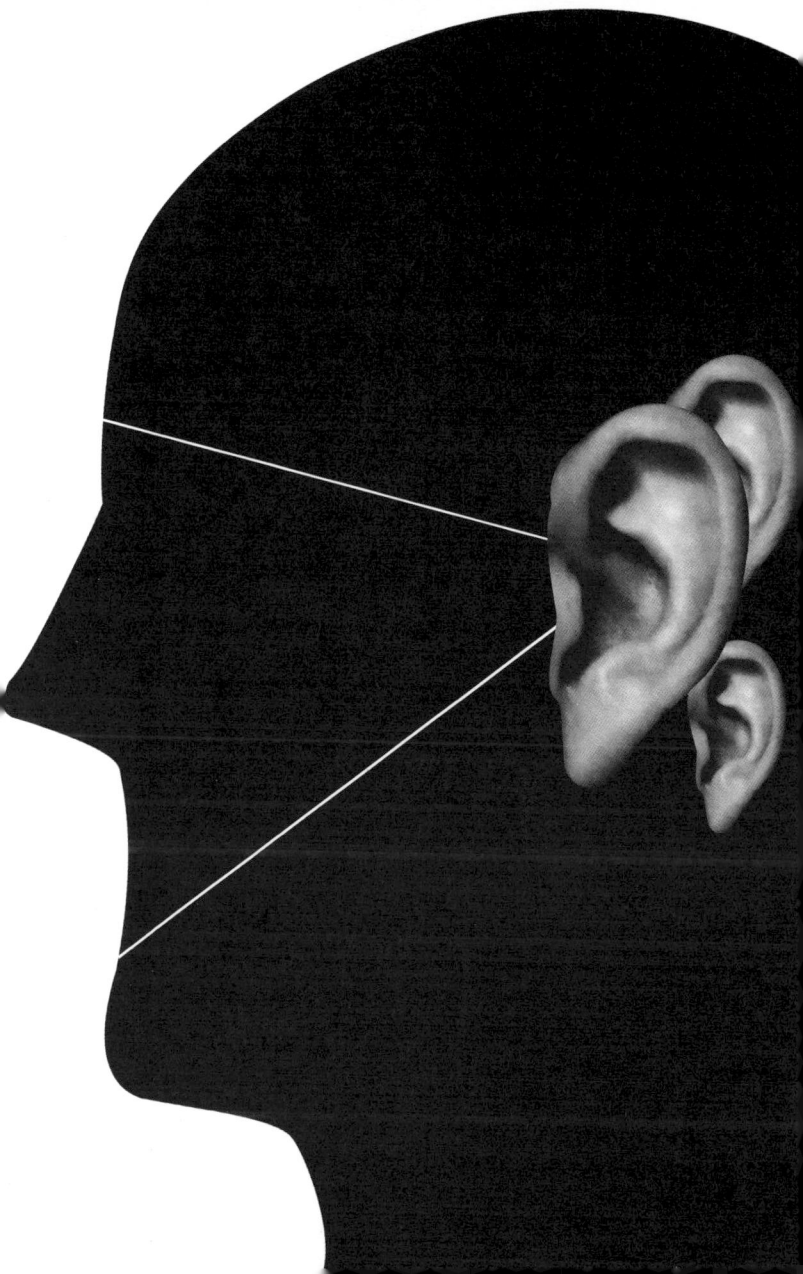

禅析一

找回广告背后
失落的传奇

《新起点嘉园》广告禅析

这是一个平庸泛滥的年代。我们用无比精美的包装万分隆重煞有介事地盛放着一点点干瘪失水的内容。

这是一个传奇失语的年代。我们眼球充血耳朵失聪感官愉悦地享受着信息爆炸，却丝毫超度不了我们现实生活的空虚混沌琐细无聊鸡零狗碎。

随便翻开一张报纸，你就会发现，占据了大部分广告版位的房地产广告，一水儿地媚俗、丑陋并窃笑着！

城市文化的一种——房地产广告，只剩下了广告主和广告商的自说自话和产品主义的功能直接诉求，顶多再披一件几年前流行一时的"唯美"外衣。也许有意也许无心，房地产广告心花怒放地成了平庸审美垃圾文化的掮客帮凶。

产品主义没错。

功能诉求没错。

过时的唯美表现也没什么。

房地产广告没有改变时代审美的责任，但也没有以丑陋和重复来污染城市眼球的义务。

广告除了重复现实或美化现实之外，就不能给予我们一些高于现实的超脱和启迪？

这是一个没有英雄的年代。正因为如此，我们呼唤英雄。

这是一个爬行现实主义盛行的年代。正因为如此，我们渴望传奇。

新起点不想再重复。

新起点不想再以地产广告特有的高分贝叫卖产品功能来聒噪大众的耳朵。新起点要在没有英雄的年代，奉献给在这个忙碌城市里忙碌着的商人一点可以感动的诉说。

新起点——一个位于中关村门户的商务公寓，目标消费群为中关村内在大写字楼租金重压下苦苦打拼的成长型企业。

投资性——公寓的价格和按揭方式，还可以把付给别人的租金变成自己的资产（将来或租或卖都便利灵活），这是项目最大的利诱点。但这也是一个地产广告的"投资"时代，以"投资"的名义进行鼓噪的地产广告铺天盖地多如蚊蝇，可聪明的广告人常常忽略了商人的聪明，商人对利益的敏感和计算远在广告人之上，过度夸大投资性只会适得其反。

其实，对投资者来说，更重要的是投资时机，再好的项目投资时机不对也是枉然。为什么总是忽视广告对象能动的智力呢？面临封顶处于绝佳投资时机的新起点的广告又该怎么做呢？

——替他们算账吗？周边物业的租金恐怕他们比你更清楚。

——再把项目的投资卖点细数一遍吗？以前的广告一说再说过了。

——奉劝企业主不要做租金的奴隶吗？好像你并不是他们的朋友，他们凭什么信你？！

懒惰是丑陋的源泉。按照常规房地产广告的路数演绎下去，势必又变成报纸上的那些垃圾文化。

难道，说到投资就一定要陷入利益的泥淖吗？

难道，广告就不能赋予商人一点传奇和感动吗？

谁能保证现在正在中关村海龙大厦里斤斤计较的商人不会是将来的比尔·盖茨呢？

于是，广告在否定又否定之后，诞生了传奇！

"如果比尔·盖茨读完大四"——讲述了比尔·盖茨大学逃学，后来缔造了微软帝国成为首富的神话。

"如果李嘉诚没有选择塑料花"——道出了 20 世纪 50 年代的李嘉诚从塑料花生意中掘得第一桶金的传奇故事。

"如果格林斯潘仍留在摇摆乐队"——不会吧？！现在的美联储主席？是的，影子总统也有自己不为人知的一面。

这一切都在说人生时机何其重要，投资不也一样吗？没有房地产广告里常见的高雅的取媚、伪装的奉劝、自信的吹擂，只是把一个个不为人知的传奇留给这个城市去沉思、去阅读。

那产品怎么卖？

关注了！共鸣了！记住了！如果看到的人是你的意向客户，他自然会进一步去了解，聪明的消费者知道怎么选择！如果他不是，那么他也在现实生活的一地鸡毛中读到了一个个新鲜的故事。

难以计算广告切实起了多大作用——我们只知道新起点嘉园创造了北京商务公寓销售史上的传奇。

时至 2003 年，新起点已圆满结案。这个过去的案例至少留下了几点思考：

A. 没有弱智的消费者，只有弱智的广告人，请不要用你一厢情愿的猜度，降低消费者的智力。

B. 当广告成为各大媒体必不可少的主角时，广告人便有了一份讲究城市文化卫生的责任，请不要用你自以为是的媚俗，来制造阅读的垃圾时段。

C. 广告也许超度不了我们的麻木神经空虚心灵劳

碌人生，但它至少要给我们平庸的生活增加一点不同，哪怕是一丝轻松的趣味。因为，只要你不甘于让广告为平庸代言，广告——其实可以很传奇，传奇——也可以很广告！

禅析二

从唐诗宋词
到城市之美

《颐园·碧水云天》广告禅析

从某种意义上说：城市是美的破坏者。正像米兰·昆德拉所描述的，比例失衡的高楼大厦制造了视觉的丑陋，此起彼伏的噪音制造了听觉的丑陋，压力重重的生活制造了心情的丑陋。

从某种意义上说：地产广告是美的破坏者。正像我们每天在报纸上看到的——光色横飞的效果图展销着建筑的内脏，傻大黑粗的字体叫卖着价格的机巧，乱摆 pose 的外国人兜售着崇洋的诌媚。

不是因为城市的丑陋造就了广告表现的丑陋，而是广告人的审美贫血造就了地产广告这株"恶之花"。

城市也有美的一面。城市也有山水。那么，城市的最优美部位在地产广告里又是怎样一种呈现呢？！

设计上——用了几千年的传统山水画笔法或者干脆就是从盗版图库里搬下来的山水画。或山、或水、或怪石、或梅兰竹菊，抄袭地营造着唯美的意境和刻意的风骨。唯恐不这样就不山水，唯恐不这样就不广告。

文案上——成语、对联满纸飞，一味地卖弄自己也未必懂的辞藻和绝不扎实的古文功底。韵文没有错，平仄用得好也能出新章，不明白的是为什么总要拿捏着腔调隔着一种古代的文体和现代人说话。如果只读文字，你会觉得时光倒流几百年不期然误遇了一位乡试未第的私塾先生。

实际上——把陶渊明式人生理想和美学趣味硬塞

给互联网时代的现代人只是广告人的一厢情愿。

《颐园·碧水云天》，要让城市不再缺失山水。

《颐园·碧水云天》，要从唐诗宋词的字里行间打捞起失落的城市之美。

船桨——古典山水生活的永恒意象。

高尔夫——现代城市生活的终极意象。

当城市遇到山水，当船桨遇到高尔夫，于是就有了"起杆、万柳""漫江碧透、万山红遍、层林尽染"的人生境界。

当然，作为一种商业的广告，不可能只是纯粹形而上的美学诉求，不可能完全脱离项目的特性而孤立存在。

船桨——也代指了昆玉河。

高尔夫——球场就在项目的旁边。

项目的核心诉求点也在不期然间完成了。

反过来，作为一种文化的广告，也不可能脱离城市的文化和语境而孤立存在，广告要找到项目自身及主要消费群体的文脉。

知识英雄——中关村和学府区的成功知识分子。

山水情怀——城市征服者最后的心理慰藉。

对主要消费群体的寻找和界定，也在人文化和山

《颐园·碧水云天》

西北万柳之西北，上风上水之上位。
窗含三山五园，门泊碧水云天。
翠柳。石堤。浪花。帆影。
枕畔千帆过，长河落日圆。

拱桥。流水。跑车。游船。
楼群沉思湖中倒影。
水草停泊都市纷扰繁忙。

春燕。秋鸟。飞虫。游鱼。树上的知了。
一副球杆。一群雅友。夕阳下纵情挥杆。
大地上几条长长的身影。

红枫。晨雾。梵塔。彩殿。白云。山涧。
披一袭锦衣。执一壶香茗。
看漫江碧透，层林尽染。

船。岸。天。地。人间。
昆玉滩头，坐观风起云涌潮飞浪卷。

水化的诉说中达到了。

古典和现代不矛盾。城市和自然不矛盾。因为，进化的过程始终是丢失的过程，丢失的过程也始终是寻找的过程。

城市，每天都在制造丑陋，也每天都在制造美。需要我们牢记的是：作为城市一分子的地产广告，应该学会遗忘现代进化中的种种丑陋，引领我们重新发现我们居住的这个城市的另一副美丽面孔。

不可否认，地产广告也是城市美学的一部分，它属于在这个城市美与丑之间生活的每一个人。那么，请读读《颐园·碧水云天》的文案吧，或许你会从唐诗宋词的现代韵脚中找回我们失落已久的——城市之美。

禅析三

《优士阁》广告禅析

让广告
向未来预言

尼采说：上帝死了！——于是，人类跌入了世俗的狂欢！

奥格威说：除了销售，广告什么都不是！——于是，广告就只剩下了功利！

任何现实都存在于过去、现在、未来三个向度的交点上。现实主义不等于功利主义。没有过去的现实主义，是失重的现实主义。失去未来的现实主义，是爬行的现实主义。

自从广告诞生以来，以销售为借口的爬行现实主义广告就堂而皇之地大行其道。广告成了信息和谎言的低下载体。广告本身变成了不再思考的低能儿。

对于地产广告来说是如此，对于商务楼盘的地产广告来说就更是如此！一提到后者，某些地产广告人就立刻把自己降低到爬行动物的高度来思考问题，广告也就变成了小儿科的信息罗列或商务报告式的概括总结了，并且美其名曰"为了销售"！

从美学上说：尼采被曲解了，自由的酒神精神被完全庸俗化了。

从销售上说：奥格威被曲解了，销售是目的，但销售永远不是广告的过程和形式。

未来派——"爬行现实主义"的反义词！

优士阁——一种想和主流的房地产广告有所区别

的传播方式。

"未来，让整个20世纪变得肤浅！"——对"爬行现实主义"的反动不一定非要以"未来"为注脚，但广告在这里不再肤浅，我们看到了广告对未来的思考和对现实的批判！

"未来，拥有私人航海驾照，成为新一代商人的标志"——没有化过装的威逼，没有赤裸裸的利诱，只是一场智能者关于未来的对话，用对未来的信心和确认来兑现你的利益和现实。其实，无论你有怎样牛的卖点，对商务项目来说，发展才是硬道理！难道不是吗？

与众多商务楼盘僵化的视觉表现（穿西装的外国人＋外立面）不同，画面直接借鉴了"未来派"——分离、拼贴的绘画技巧，甚至干脆把其代表人物波乔尼的画像进行了"未来派"的表现处理，把冷峻、硬朗且又现代的个性风格诠释到底！

过于急功近利的销售诉求，阉割了广告的想象力和审美价值。当这样的广告充斥所有报纸版面的时候，连引起关注都成问题，更何谓广告目的。

没有审美价值的广告还是广告吗？！众多以"销售"为借口的广告，除了实现了广告主的自我表达之外，真正能达到广告目的的又有几个呢？！和其他艺术形式一样，广告应该为现实中缺席的价值代言，为美的一切代言。

销售的路不止一条。
广告的方式不止一个。

地产广告！请从爬行中站起来——为未来代言，为你自己代言！

禅析四

《万科青青家园》广告禅析

贫乏与重建："诗广告"

一个无奈的现实：城市的诞生，带来了诗意的丧失。

天空不再是神的故乡，工业时代的浮尘颗粒掠走了鸟儿的飞翔；大地不再是万物的居所，高楼大厦的崛起取代了麦穗的生长；我们不再是我们，欲望城市里，人只是一群在各种规则和格子里忙碌爬行的物质动物。

关于城市和诗性的悖反关系，贯穿了历史的始终，荷尔德林、叶赛宁、海子等甚至用自己的生命写下了痛苦的证明。

时至今日，人类对于这一点终于有了清醒的认识和反思。海德格尔说："哪里有贫乏哪里就有诗性。"我们现在面对的问题是：在诗意贫乏的城市，我们该怎样重建诗意？！

其实，城市对诗意的重建一直在自觉或不自觉地进行着，因为无论何时何地，"诗性"始终是人类内心永恒的渴求。

我们看到，许多房地产项目也在用自己的方式开始对诗性的反思与寻找：密度越来越低，水和绿地越来越多；原生树木越来越多，移植和破坏越来越少；空地多了、步行空间多了、街区和广场又重新恢复了——这一切，都是为了"人，诗意地栖居"。

但我们也不能不看到：建筑在重建，可作为城市生活形态投影的房地产广告，仍旧贫乏着。

　　用广告打捞起城市丧失的诗意，用诗意慰藉城市人贫乏的心灵——这是我们的广告要做的。

　　咖啡一定要是悠闲的，

　　啤酒一定要是快乐的，

　　红酒一定要是深情的，

　　音乐一定要是原酿的，

　　书籍一定要是纯洁的，

　　心情一定要是随意的，

　　朋友，最好是在圣瓦伦丁街遇到的。

　　　　　　　　　　　　　——相约万科青青，相约圣瓦伦丁街

　　悠闲、快乐、深情、原酿、纯洁、随意——这些我们在城市里丢失已久的情绪和意趣，不也是诗所丢失的吗？！贫乏的体验导致广告的贫乏，广告人百寻不遇的广告诗意也许就蕴藏在生活的细节里。

与城市交换时尚

与自然交换心情

与车流交换速度

与绿草交换呼吸

与人群交换亲密

与自己交换自己

——我的 Village Town

　　我们因城市丧失了诗意，难道我们又要因诗意而丧失了城市？当代城市人的选择也许会永远两难着。也许，还有第三种选择——住在 Village Town，在城市和自然之间不停地切换生活。

绿叶下课了

蜻蜓休假了

荷塘冬眠了

这个饭香四溢的秋冬

你和我的爱情终于有家了

——爱情有些想家了！

诗在城市陷落了，也许下一个——就是爱情了。家是最终的避风港吗？爱情贫乏的年代，诗也许就是这些生活中平凡的感动吧，让我们的广告也多一些平凡的感动吧！

"广告诗"或者"诗广告"不单单是指要借用诗的形式做，而是要用广告的形式去挖掘心灵发现心灵，给予我们自己和这座城市最后的家的慰藉。

哪里有贫乏哪里就有诗性。
哪里有丧失哪里就有重建。

贫乏而忙碌的广告人，你看到了吗？

禅析五

建筑物语：

从概念到印象

绘画中的印象主义：从客观的真实化到主观的印象化。

广告中的印象主义：从主观的概念化到客观的印象化。

简单点说：前者是他者给我的印象，后者是我给他者的印象；前者是表现、是艺术，后者是呈现、是广告。

这曾经是一个信仰概念的城市。这曾经是一个崇拜主义的城市。于是，就有了炒作各种概念的房地产楼盘。于是，就有了标榜各种主义的广告推广。

然而，把购房这个单纯的消费行为彻底唯心化，只是开发商和广告商的主观意识而已。过度的概念和主义，只会使消费者尽早地理智起来、辩证起来、唯物起来。

不得不承认，许多时候，我们常常人为地高估了消费者的精神，家长式地把他们的精神需求视为他们的消费需求，认为仅凭概念和主义就能决定购买，于是，就有了那些概念空泛、主义泛滥的广告。

另一些时候，我们又常常低估了消费者的智力，把市场的买点掩耳盗铃地偷换为产品的卖点，非常官僚地认为我们说了他们就信了，于是，就有了那些自吹自擂的信息化、DM 化的广告。

事实上，没有一个消费者会把你的广告当作圣经或红头文件读。在信息爆炸的今天，能吸引眼球才是第一位的。

拼概念、秀主义、飙信息都是必要的。但一定要记住,消费者记住的不是概念、主义、信息,而只是它们给予人的第一印象,至于具体的了解,那是需要到销售现场去解决的。

在大多数情况下,广告能做的只是替产品营造某种印象,继而才是口碑、销售等,这些都取决于更综合的因素而非广告本身。

1.消解概念和主义。把过去附着于广告上的种种概念拿掉,将其单纯为——"原版。德国"。

2.让建筑自己说话。用实景图客观展示建筑,把对项目的评判留给消费者——"样板。德国"。

3.让现场自己说话。把广告目的简化为吸引人来现场,强调现房的时机感——"从此。德国"。

拒绝夸张，剥落粉饰，让事实默默地展示静静地吸引，在概念风行的虚拟时代，还消费者一个真实。

会有人说：这只是一个典型的房地产广告，和所谓的"印象主义"无关吧！是这样的——如果你从美学上看。这里找回的只是"印象"这个词语最原本的意义。

会有人说：只是一种很纯粹的德国印象嘛，和北京印象根本无关。是这样的——如果你从理性传播的立场看。这里更关心的是它给消费者的"印象"。

任何广告，传播过程中的反应和声音或者是市场尘埃落定的解释，往往会和广告人原本的初衷无关。然而，作为广告人的我们却深深地知道，埋藏在这则广告背后不改的初衷是：在人们对广告越来越狐疑越来越逆反的时代，广告本身需要给市场营造的是一个诚实的印象。

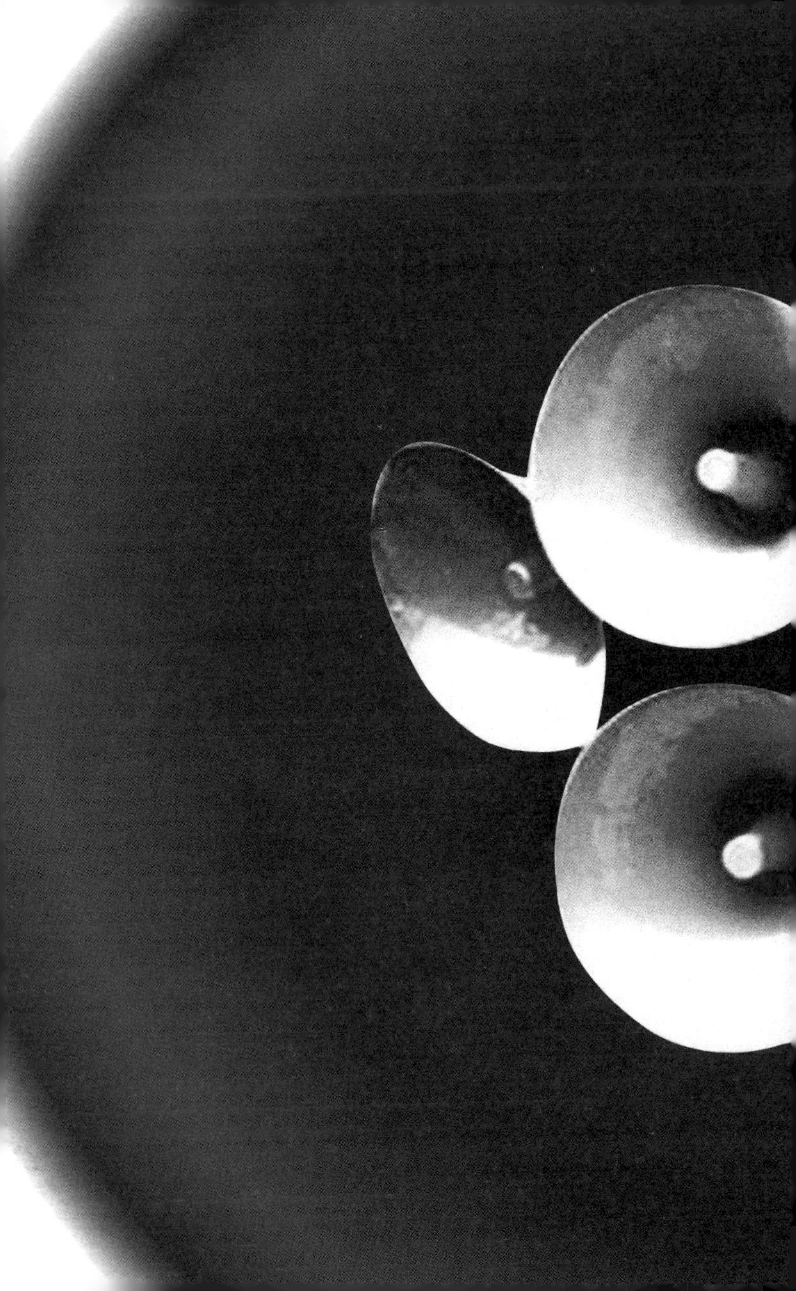

丰论坛

去南京参加论坛期间，组织者告诉我：「有人从贵州提前几天赶来，就为了能听听你的演讲。」谢谢你，我的粉丝！在自己的虚荣心得到些许满足的同时，我也多少替粉丝们觉得不值！「吃鸡蛋就够了，干吗非要看一看下蛋的母鸡呢？」存在就合理吧！

我们的峰会和论坛一直是「鸡」多「蛋」少。这个世界，总有人努力下「蛋」，也总有人努力做「鸡」，更要有人把「蛋」收回去，再下一遍给大家看。

丰论一

房地产广告

7 宗罪

房地产广告是一种广告吗？

爱为广告煲汤的老莫在评析美林·香槟小镇的报纸广告时总结了"7宗最"：

1. "最"怕无策略；
2. "最"怕无主题；
3. "最"怕无原创性；
4. "最"怕无话题性；
5. "最"怕杂乱无章；
6. "最"怕多言；
7. "最"怕无动于衷。

如果按照老莫的"7宗最"来严格量刑的话，恐怕大部分的房地产广告都该被就地正法了。

当然，也有许多房地产广告人已经出离广告了。只做过产品广告的老莫？不买他的账吧！

固然，房地产广告有自己的真理，不必拿广告的普遍规律来削足适履——房地产广告只要存在一天，这样的民事纠纷就会继续下去。

不想做法官，也无意于做律师，我只想就美林·香槟小镇一案，对房地产广告圈常见的弊病做一次公开的诉讼。可以说，美林·香槟小镇正是为了避免犯下以下罪行，才成就了它的《7宗醉》。

1. 把乙方当甲方

也许这是过激的广告竞争惹的祸。创造，是广告的第一性，但许多地产广告公司完全放弃了乙方应有的坚持，把琢磨开发商的想法放在第一位，把过稿视为第一目的，从而导致大量甲方思维的地产广告在报纸上泛滥。

美林·香槟小镇建筑形态的均好性决定了"卖镇，重于卖房子"。我们也决定坚决不陷入常规产品主义广告的推广套路，无数次的坚持换来了有效的沟通，最后，甲乙方统一认识——这才有了美林·香槟小镇第一个7+1即《7天·创镇纪》的诞生！

2.把模仿当原创

模仿在地产广告圈好像是天经地义的。美林·香槟小镇第二个7+1即《香槟·7宗醉》发布不久，昆明就堂而皇之地出现了类似的"7宗醉"。

这种现象非常普遍。有几个以设计著称的地产广告公司，只是在巧妙地借鉴欧洲设计年鉴；有几个不错的地产广告案例，总是无一例外地有着台湾意识形态的影子。

不模仿别人只是最基本的，不模仿自己才是我们应该做的。对于模仿，我只有一句话："不原创，毋宁死！"

3. 把点子当策划

均好性产品的时代，需要整合的是广告推广。点子只能引发一时的注意和兴趣，不能促动整个楼盘的销售。全国各地都不乏因点子而知名也因点子而烂尾的"名"盘。

"香槟"没有停留于概念，而是将项目进行了整体包装，开发商也根据这个核心理念对产品进行了相应的调整。美林·香槟小镇的两次7+1有着长期的纵向考虑，同时横向上也很好地联动了户外立牌和现场活动等。

4.把策划当广告

如果把一个项目的策划书直接当作广告，倒可能是一个不错的创意。我这里说的是地产广告的泛策略化现象：把宏观概念当成报广标题，把产品定位语当成广告语，把市场的理性思考当成实际生活感受，等等。

广告当然要执行策略，但广告要对策略进行精加工后才能引发消费者的兴趣，现在的房地产广告大多只是策划者的一厢情愿，是"半成品"。

美林·香槟小镇把策略藏在了背后。

5. 把DM当报广

做产品广告的都知道单一诉求的重要性。房地产广告常常是多卖点组合，信息量很大，这也无可非议，但无论卖点怎样多，都应只有一个主诉求点是没错的，可许多房地产的报纸广告变成了DM式的卖点罗列。有人说，这是地产广告难出好创意的最主要原因。

美林·香槟小镇的7+1报广做了一次尝试，即把卖点分解开，用7个半版各说一个卖点，最后用一个整版总括形象，从而做到了每支报广的单一诉求！

6. 把效果图当设计

这是地产广告最大的弊病。我不反对用效果真正好的效果图做设计，但我们常常忽略了一个事实，就是登在报纸上的效果图——无论是哪个项目的看起来都差不多，当大家都一样的时候，效果图也就失去了效果。

当然，这是客户非常喜欢的一种方式，所以，有些做了多年地产广告的公司仍旧不是在做设计，而是在换不同的方法摆放效果图。

美林·香槟小镇《7天·创镇纪》做了一次突破——8支广告没放一张效果图。我们只是想做个例子告诉大家，不一定非要上效果图才是地产广告。因为，我认为报纸广告更多时候营销的是一种印象。

7. 把留白当浪费

这是甲方常有的想法，久而久之，乙方也这么想了。其实，品质感是浪费出来的，密度越高的房子越节约资源但也越没质量——地产广告同理。

美林·香槟小镇7+1系列不仅是目前能看到的最具长度的房地产广告，同时也是密度最低的！

仅仅为了避免犯罪，只能做正确的广告。美林·香槟小镇则寄寓了地产广告更大的野心——这也可能是中国平面广告有史以来最大的野心，那就是：以史诗的篇幅、三大系列、28支报纸广告的规模，实现了一个宏大的平面系统工程。

从《7天·创镇纪》到《HOUSE·十诫》，美林香槟小镇《圣经》三部曲目前已彻底完成，并成功见报，作为广告，它至少做到了两点：（1）把传统分次发布的系列广告变成了单次发布的连续广告；（2）在横向上以8支报广的力度把报纸广告的长度延展到一个极致。

在这之前，常常有人争论《7天·创镇纪》或《香槟·7宗醉》或《HOUSE·十诫》的优劣，很少有人看到它们之间的纵向联系。其实，在我看来，整个三部曲都只是一支稿子。

美林·香槟小镇《圣经》三部曲，至少没有犯下7宗罪。

if you love life with a passion, you will love champagne.
7天·创镇纪
美林·香槟小镇
MERLIN CHAMPAGNE TOWN
美林 香槟 小镇
美林·香槟小镇
MERLIN
CHAMPAGNE
TOWN
有香槟，就有成功和欢乐
一场心灵踏着葡萄根须回归生活原义的动情发现
365日葡萄原乡生活
81
CHAMPAGNE
上帝7天创造世界
七日香槟之旅
if you love life with a passion, you will love champagne.
CHAMPAGNE

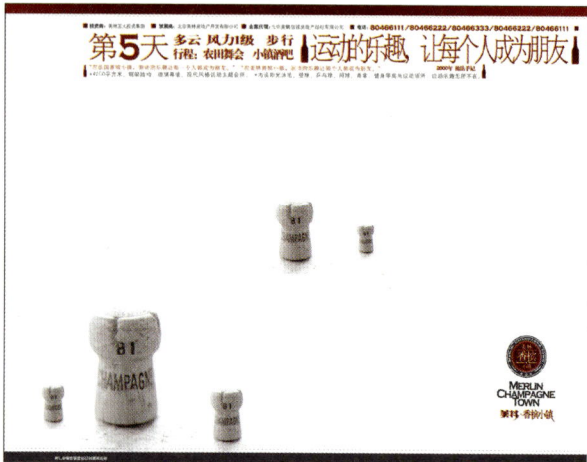

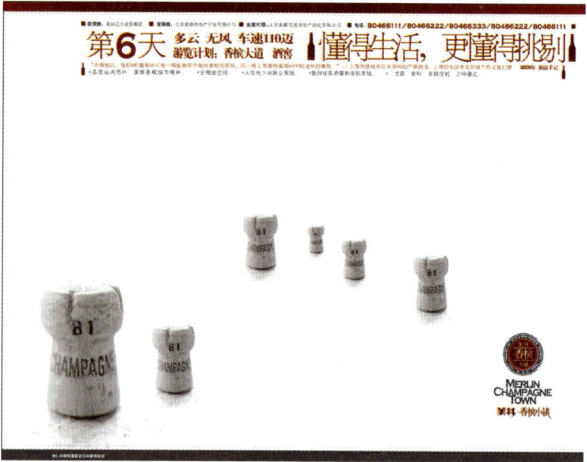

美林·香槟小镇
10解
同单价.同总价.不同生活.
95%超高使用率/送私家花园、露台、私家会所及车位
MERLIN CHAMPAGNE TOWN
美林·香槟小镇
解 天竺核心 温榆河畔 葡萄原乡
解 第一时间直抵CBD 机场高速路杨林大道出口 第一居所
解 0.46容积率 低于CBD十数倍的居住密度
解 51%绿化率 75000平方米风车主题流水园林
解 送私家花园 露台 私家会所 车位
解 有天有地有花园 法式双拼别墅 联排别墅 叠拼别墅
解 送8米大面宽 带精装卫生间的地下私家会所（D户型）
解 独门独户联排别墅 2—3层直列式院落
解 95%超高使用率 不为多余公摊面积付费
解 10年成熟别墅区 高持续性发展潜力
80466111/80466222/80466333

诚
除自然以外.
你的house不可崇敬别的神祇.
电话: 80466111/80466222/80466333
<同单价 同总价 不同的联排别墅生活 美林香槟小镇之于CBD豪宅10大差异之一>

诫
不可远离城市.
也不可在归家时远离风景.
电话: 80466111/80466222/80466333
<同单价 同总价 不同的联排别墅生活 美林香槟小镇之于CBD豪宅10大差异之二>

3城

美林香槟小镇

不可妄称豪宅. 视拥挤为荣耀.

house最初的定义：一栋房子和一片房子之外的空地.

CBD高密度豪宅多了什么：

楼多了阴影多了. 距离少了空间少了阳光少了/
人多了邻居多了. 树少了草少了空气少了/
车多了声音多了. 道路少了安静少了安全少了/

小镇低密度house少了什么：

凡是上面所多的. 就是小镇所少的.

美林香槟小镇——0. 46超低容积率, 仅为18. 3%的居住密度, 地上2-4层双拼, 联排, 叠拼别墅, 最大楼间达59米, 15万平米土地仅限286户, 户均占地近1亩, 只允许五分之一的地面生长房子, 自旷, 散落, 外圆内方, 法国乡村式总体布局.

CBD——平均容积率4-8, 居住密度是小镇的十数倍, 楼间阴影覆盖绿地.

<同单价 同总价　不同的联排别

电话: 80466111/80466222/80466333

小镇之于CBD豪宅10大差异之三>

4诫

不可不做绿色和水的子民.

5诫

不可无花园. 不可无露台.
不可拒绝神奖赏给你的礼物.

6诫

不可居于人上.不可居于人下.不可没有邻居.

CBD豪宅之单之惑之瞬间.

小镇House

电话: 80466111/80466222/80466333

7诫

不可不赐予暗室.不为自己的心灵感恩.

小镇House私家全得使用标准.

CBD豪宅私家全得使用标准.

某林尊辕小镇一览席卷送隧逆私家全价(以D产型方例)

电话: 80466111/80466222/80466333

8城

不可不友爱.
也不可和异姓出入同一个门户

House在城市中的最大代价是:
失去了独立的院落。

住CBD豪宅的n种修养:
忍经/忍受和一切人乘坐同一部电梯包括那条宠物狗。
轻功/轻拿轻放轻说话, 否则, 总有被迫的窃听者。
坐禅/无庭院可漫步, 无静地可沉思, 只宜闷坐。

住小镇House的n种修养:
在这里, 惟一的修养是: 丢掉以上所有修养

美林香槟小镇——独门独户联排别墅, 2-3层直列式house, 家家拥有院落, 在小镇热闹的邻里生活中充分保有
和私密。

<同单价 同总价　不同的联排别

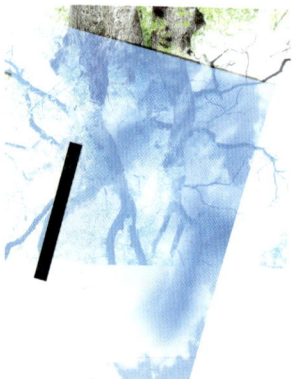

丰论二

解读：万科青青家园
万科西山庭院

万科生活
背后的广告圈层论

现代住宅的批量产物——淡漠小区。疏离的邻里关系，隔膜的友爱交流，冷淡的日常沟通。

传统的中国有"闾"，现代的西方有 block，也就是圈层，这是人文城市的缺憾。

开发商及营销推广商都应是人文城市的构建者，是城市的人文公民！

淡漠小区的产生源于开发商和广告商圈层意识的缺失，因为邻里、友爱、交流都是建立在共同的圈层上的，当下中国社会没有十大阶级关系，只有各式各样的生活圈层，圈层其实就是没有自觉意识的潜阶级。

为圈层建房子，怎么来打破淡漠小区？我们来看一个开发商和一个广告商的努力。

平等、共享、均好，这是万科部分产品的设计原则，也是圈层意识的上层建筑，这样才能保持圈层的完整感，具体到产品上则表现为：

1.低层、低密度才适合人的交流，人多了、楼高了，距离就远了；

2.多层次的公共空间利于人的全面接触，不仅是共享的园林会所，还要有学校、商街、幼儿园等生活配套的共享；

3.开放式的小区规划，用"格调眼"来取代人为限制，当然，最基础的是相近的总价。

产品体现上需要特别注意的是："灰空间"——半私密半公共空间的营造，人与人的日常交流大都从这里开始和完成。

检验一个产品圈层值的重要值：口碑和购买率。万科在 30%～60%，有圈层才有邻里才有口碑推荐。

一个产品从开发到成型总是受各种因素的影响，用产品塑造圈层总是不完整的，那就要经过广告的再塑造。

圈层形象的广告塑造如果非要有个理论，那就是"定位"理论，即"我是这个范围、位置、感觉"的双向认同。不要直接把定位的圈层策略喊出来，把握住具象的特征和不具象的调性才是圈层广告塑造的方式。

产品缺少圈层意识和广告缺少圈层塑造，是我们的双层缺失，感谢万科制造，让我们在有圈层意识的产品上进行圈层塑造的广告探索。

案 例 一

青青家园

万科青青家园 2 期
3 类产品的三种圈层塑造

1. 选择型客户

小资圈层——感性青年——圣瓦伦丁街

绝对差异化的产品

德式风情建筑：明亮，温暖，成熟，尺度严谨。

色彩第一人称：德国秋天的颜色，调色生活，20 栋栋栋不同。

自然人居：低层低密度建筑，亲地亲自然亲生活。

层层退台：户户拥有小天地和私家露台。

永别黑楼梯：外飘扶手楼梯，风景陪你踏步，阳光心情回家。

把自然搬进家中：楼内设天井，四层共享，每日对景就餐。

庭院里的自然：私家花园地平上抬 90 厘米，禁止目光入内。

家庭风向学：此阳台全封闭，防西北风、防沙；南阳台全敞开，引领清风阳光。

第一印象圣瓦伦丁街

咖啡一定要是悠闲的，

啤酒一定要是快乐的，

红酒一定要是深情的，

音乐一定要是原酿的，

书籍一定要是纯洁的，

心情一定要是随意的，

朋友，最好是在圣瓦伦丁街遇到的。

（百米成熟商业街——圣瓦伦丁街，位于小区主入口处，全欧式风情设计，餐厅、超市、咖啡厅、鲜花店、西饼屋、银行、邮政一应俱全——青青家园的第一印象。）

2. 需求型客户

小小资圈层——感性的理性青年——准婚族

板楼中以 G 为主的 90 平方米左右的小户型却遭遇销售瓶颈。针对
销售遇到困难的 G 户型，我们创作了一系列以"爱情"和家为切入
点的推广。

爱情有些想家了！	那些山盟海誓的话该有个窝了！

把记忆搬进阳光里　　　　　　工作是容易的，存钱是困难的

把心情搬进清风里　　　　　　恋爱是容易的，成家是困难的

把视线搬进风景里　　　　　　相爱是容易的，相处是困难的

把憧憬搬进房间里　　　　　　决定是容易的，等待是困难的

感情拒绝租赁　　　　　　　　一切是困难的，可在青青是容易的

誓言拒绝流浪

快把爱情搬进青青家园里！

3. 舒适型客户

大资圈层——理性青年——恋荒癖

非差异化的产品

青青四期的产品和前三期相比有着很大的变化，比如：

1. 地段概念之变：不再是纯郊区地段，而是城市边缘地段；不再是绝对的第二居所，而是可能的第一居所。

2. 低密度大小区没变，但四期本身的容积率升高。

3. 不再是纯郊区形态的低层花园洋房，而是城市形态的板式带电梯住宅；不再是差异化产品，而是主流产品形态。

4. 性价比之变：单价提升了，总价略有提升，但建筑形态低了。

5. 不再是兼创新户型，而是常规户型。

6. 园林配比方式之变：组团式共享式的园林。

7. 客群之变：由年轻小资变成相对理性的中青年。

坦言之，四期的青青在产品质量上并没有提高，产品形态、价格都会成为制约销售的关键因素

老枪

重逢这么多鸟儿，却不会再玩那把百发百中的"老枪"。

产品利益点：园林

东南西北

小时候的选择决定一生的朝向。

产品利益点：板楼、通透

线轴车

当年那辆夺冠的小车，能否再表演一次L形急转弯？

产品利益点：L形观景阳台

沙包

儿时那奋力一掷，意味着一生对距离的追求。

产品利益点：40米楼间距

小船

看着小镇流水，不由得怀念起那艘力争上游的小船。

产品利益点：中央水系

手帕小老鼠

也许不再玩"小老鼠"，却拥有更幸福的童年。

产品利益点：配套学校、幼儿园

万花筒

从万花筒旋转的那一刻起，就记住这满目琳琅的感觉。

产品利益点：配套商街

土电话

简单一根线，发现距离会变得贴身般亲切。

产品利益点：万科物业

案 例 二

西山庭院

品质型客户

中产阶级——理想中青年——文化院校情结

北京西部人群一直是一个特殊的群体，这个客群集中，并呈现出明显的精神偏好，即这是一个中年群体，有良好的教育背景，所在行业都有高知特点。这个代表中国当下人文知识分子的庞大群体，被称为"理想中青年"。

中国知识分子是一个很尴尬的群体，在社会阶层中一直扮演着精英的角色，但实际上，这个群体却一直受到主流化意识的排斥。这样的角色错位，造成了他们既出世又入世的悖论状态，在出世和入世间游移不定，艰难地寻找平衡点，朱耷就是最典型、最戏剧化的代表。

很少有人能够成功地寻找到平衡点，更多的人往往是走了两个极端，要么极端出世，真的成了纯粹的隐士；要么特别入世，人文变成了入世的手段。

社会不断进步，也更加包容。从朱耷到现在西山的业主，虽然生活有了很大的改变，包括居住的状态和条件，但他们扮演的社会角色依然尴尬。

他们一方面在入世，渴望拥有成功的事业和名望，得到公众世界的认可；一方面也在出世，希望回归家庭，能够拥有自我理想的世界，追寻高山流水、桃花源般的世外意境。正是中国知识分子的这种尴尬现状促成了西山庭院对这个群体的探讨和思考。

在这样的背景下，根植人文沃土的"新八大山人"系列的诞生就有一定的必然性。社会永远在前进，"人"的精神追求一定会受到建筑越来越多的关注！

THE DISTORTION
RECORDS

创异志

怀念那时候，一切客户沟通以少见面为原则，能电话就电话，能MSN就MSN，不得不见也要戴上口罩互避耳目，提案变得像接头。其实，非典只是改变了沟通方式而已，并且效率更高。埋头在如今冗长的文山会海里，我总忍不住怀念几秒非典时期那段「有病」的时光！

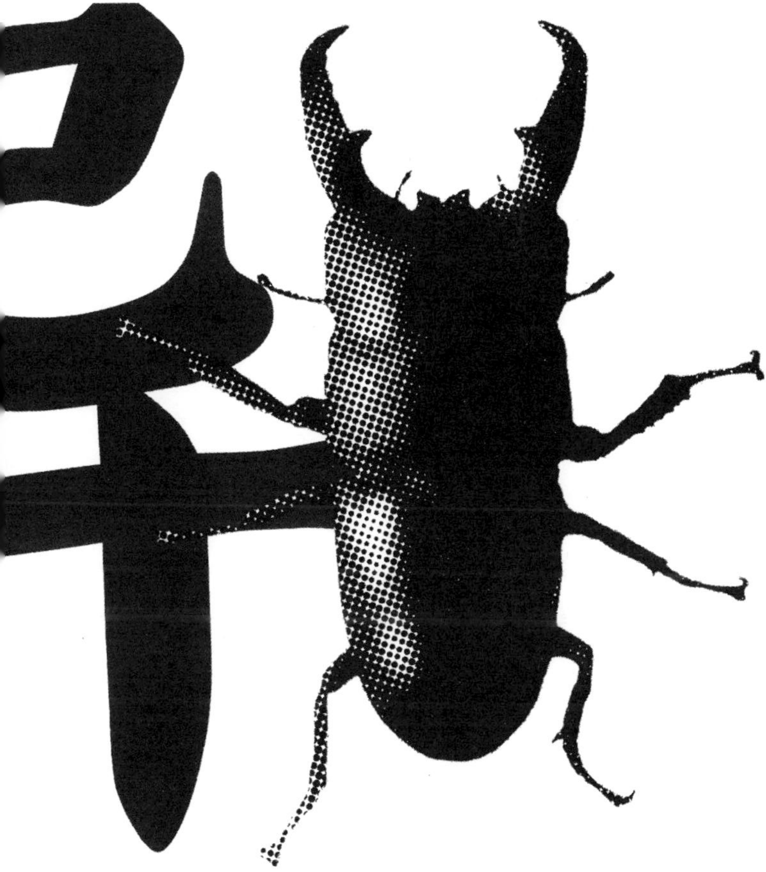

后非典时代的
地产广告

"残酷戏剧"大师阿尔托把传染病称作"高等疾病"，说它在给人们制造灾难和恐惧外，在精神上也有其积极的一面，那就是唤醒社会的良心和激发人类的"潜智慧"。

这是一个"后"文化流行的年代，你可以为自己的广告找到后古典、后现实、后印象、后现代、后后现代等各种"后"字版本，却没有一个属于"后非典"。

后非典时代，没有经典可以借鉴，没有先例可以取巧。后非典时代，广告人必须"真唱"。

　　非典给北京人的地产广告带来的影响是前所未有的。想想看，在非典时期，一个专业的地产广告公司所有的客户都会遇到同样的问题，而非典结束后要解决的问题又是完全不一样的，也就是说"你要在同一时间内——为多个客户——用不同的方式——处理同一个危机"。

　　新问题＋难问题搞不好，危机公关、危机策划、危机创意就会衍化为广告人自身的危机。

　　多倍的挑战也意味着多份的机会。多样的困难也昭示着多元的可能。

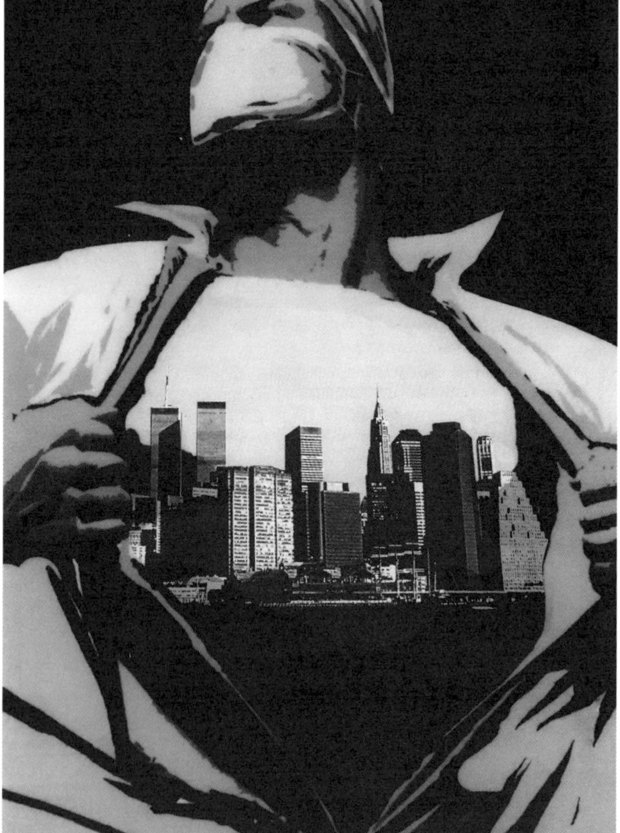

词语——发烧——通风——弹性办公——免疫力

CBD 优士阁
商务公寓

背景

项目既定的卖点和推广策略都很明确，问题是在后非典时期人们对广告的关注率下降，无论买楼办公还是投资都会趋于谨慎，这时候该怎样重新唤起大家对广告的兴趣和对项目的关注？

思考

一切没变。一个在后非典时期怎样表达和表现的问题。广告无力矫正整个社会的热点与焦点，关键是表现方式要符合特殊时期的社会大语境。

策略 ━━━━━━━━━━━━━━━━━━━━━━━━━━━

特殊时期特殊表达。每一个人的社会或自然事件都伴随着词语而来。非典的到来，赋予了一些词新的生命，并使之流行。找到这些关键词，与项目本身的卖点巧妙地对接，在人们对这些词依旧记忆犹新的时候，无疑会制造新的关注和流行。

行动 ━━━━━━━━━━━━━━━━━━━━━━━━━━━

寻找的过程很简单，非典时上报率最高的词肯定就是最具广告杀伤力的。难点是要找到这些词和项目的内在联系并重新包装卖点，否则只会适得其反。

表现 ━━━━━━━━━━━━━━━━━━━━━━━━━━━

关于投资——地面战——户外立牌

"不准发烧！——保持 36.8 度投资热情"

"提高投资免疫力，靠自己！"

投资性是本案一直在诉求的，但这也是 CBD 众多商务项目的共同诉求点。而在后非典时期大家的投资热情下降的时候，直面诉求投资性显然是不明智的。于是，掉转角度，抓住人们害怕发烧的心态，以劝慰的口吻，从批判冲动投资的角度出发，提醒大家"提高投资免疫力，靠自己"，从而暗示出"选择本案是冷静的和聪明的"这一广告目的。正是投资性和非典关键词的嫁接，使得本案和 CBD 众多无差异化的投资性诉求区别开来，从而在无意中达到了树立广告差异化形象的目的。

关于卖点——空间战——系列报广

"该通风的不只是空气，还有你的商务氛围！"
——办公室的空气要健康，办公室周围的商务空气更要流动、健康，"CBD"这个老卖点在后非典时期得到了新诠释。

"该弹性办公的不只是时间，还有你的空间！"
——弹性空间是地产广告的常见词，与非典时期弹性办公关联起来则唤起了人们对那场恐慌的非常记忆。

（由于非典，报纸原本拥挤的版面空出来了，这时一个通栏的醒目度比得上过去的一个整版，而且平日难以做到的异形版组合现在也容易实现了，所以给客户建议以两个跨版连体的通栏为一期广告的版面。）

关于视觉——眼球战——做减法

关键词本身就足以吸引眼球——后非典时期才有的特殊效果，这就够了。所以，设计上要减法再减法。

概念——O_2 公寓——H_2O 写字楼

市中心　富海中心综合性建筑

背景

与上一个案例不同，这是一个尚未在市场进行推广的新楼盘！而在非典前后，大家对写字楼和住宅的消费观念发生了微妙的改变，在短期内位于绝对市中心的写字楼和住宅会受到一定冷落。如香港淘大花园的 SARS 暴发，导致港人置业更倾向于近郊的低密度住宅。地段是地产的金科玉律，"市中心"这一原来的大好卖点突然变成了项目的难点，而地产是短推广周期的项目，如果项目推出后得不到市场的迅速认可，后果就不堪设想了。

思考 ━━━━━━━━━━━━━━━━━━━━━━━━━━━━━━

一切都改变了。像上一个案例一样把项目卖点和非典流行语简单对接肯定是行不通的。必须把以前的推广思路全部推翻，深度解剖非典后的消费心理，找一个能够支撑项目整体的全新概念。

其实，非典之后人们急于选择近郊物业是带有很大冲动性的，非典的暴发让人们本能地选择空气更好人流密度更低的地方，但市中心的便利和成熟是永远不可替代的，人们不是不爱市中心，而是更爱健康，可是总不能坐等消费者恢复理智。

客户也敏锐地意识到了这一点，决定在写字楼和公寓里安装更先进的分户式环路中央空调，来解决人们对传统中央空调的不信任感，并把写字楼才有的新风换气系统首次引入公寓里。这样，打"健康"概念就有了差异点和支撑点，就立得住脚了。

策略 ━━━━━━━━━━━━━━━━━━━━━━━━━━━━━━

用"健康"概念包装楼盘，把差异点直接化为诉求点。

但可以想见的是，非典过后，会有一批所谓的"健康住宅"出现，所以还要在"健康住宅"这个大概念下寻求表现的差异化。

由于项目位于中关村中心区，客群定位是以中关村人群为主的，而他们大都从事 IT 和数字行业，那能不能用一种更数字化和符号化的语言来表现呢？

行动

动脑会，打"健康"概念但坚决不用"健康"这个表达；客户沟通会，坚定客户提到的以上两点想法。

表现

核心概念：O_2 公寓 +H_2O 写字楼

——O_2，氧，新风换气系统；H_2O，水，水环路系统。非典的特殊语境创造了特殊的词汇和表达。通过后非典时期人们对健康的极度敏感和预定客群的审美特征，推出了一个全新的楼市概念。

系列报广 ——————————

"O$_2$公寓，够鲜风！"

——直接把新风换气系统这一最大的差异点作为诉求点，同时隐喻项目是公寓中的"健康先锋"——树立项目的形象。因为在公寓中装设新风系统它是第一家，而位于市中心有新风的公寓更是绝无仅有。当然，只有概念、形象、差异点是不够的，还要把它们深化到购房者的生活细节中去。

"小心你家空气的保鲜期！"

"不用开窗也新风！"

"一套公寓，一天 12 次新风！"

——用生活的细节提醒消费者对健康的专注，变抽象的健康概念为具体的生活利益，引发大家对其他公寓的比较，从而迅速强化购房动机，促成购买行为。

（考虑到非典对人们媒介接触形式的改变，以上的广告主题还会通过网络、户外媒体、DM进行反复诉求。）

意识形态——幸福——友好——高尚

天竺区
美林·香槟小镇
Townhouse

背景

非典前进行了初期的形象推广，通过 7 天的法国香槟游记的形式以

及把罗丹的"思想者"搬到展会的公关活动，成功地树立了法国葡

萄园乡村小镇的形象。非典的突然暴发让形象推广期提前结束了，

而非典后 Townhouse 的热销又使它的功能卖点诉求期提前到来。

思考

问题是所有的 Townhouse 都会做同样的诉求，非典这样的大事件

除了表层的词语和概念，难道不能给我们留下一些更深的东西吗？

当然不是，非典在很大程度上改变了我们的社会意识形态。当人们从非典的恐慌和惊乱中苏醒过来，开始回忆时，非典对我们生活曾有的改变也就越来越清晰了。同样地，经历了前两个案例，这个推广案也应该多些对非典的思考和沉淀了。

结论：因为非典，我们在不知不觉中建立了许多社会和生活的新规则，可以说，这种潜在的新规则即后非典时代人们的家园新规则。

策略

从意识形态的角度切入，挖掘生活潜在新规则，唤醒人们在非典之后的生活潜意识，产生思想和情感的共鸣，继而达到对产品功能卖点的认同。

行动

思考、思考，再思考，沉淀、沉淀，再沉淀……

表现

"迷乱5月逝去后，这儿的宁静幸福地说：深呼吸！"

系列报广一 ━━━━━━━━━━━━━━━━━━━━━━━━

"幸福，就是自由地呼吸陌生空气"

——非典让我们失去了对空气和人的信任，我们变得害怕一切陌生。

——非典给我们一个短暂的幸福新定义，在窒息的社会氛围里和口罩的束缚下，每个人都不由得在内心低语："幸福，就是自由地呼吸陌生空气。"

（美林·香槟小镇纯自然的地段环境）

系列报广二 ━━━━━━━━━━━━━━━━━━━━━━━━

"友好，就是给别人一段可以信任的距离"

——非典之前人们的交往要握手、要热情、要亲密。

——非典的到来彻底改变了我们原有的社会规则。

（美林·香槟小镇超大的楼间距）

系列报广三 ━━━━━━━━━━━━━━━━━━━━━━━━

"高尚，就是不让自己和别人拥挤"

——也不要让自己的家和别人拥挤。

——非典时期足不出户也许是最道德的。

（美林·香槟小镇超低的建筑密度）

关于视觉：后非典时代，风景是不需要包装的，一张最单纯的风景照，就有足够的说服力和诱惑力，所以，项目的效果图就永远消失在了风景的背后。

三种方式，三次从流行词语到意识形态的层层深入。

三个过程，三度从表象诉说到深层打动的递进创作。

正像阿尔托所说的，传染病在精神上也有它积极的一面：后非典时代的广告人必须真诚地面对和挖掘自己的"潜智慧"！

非典终将完全逝去，这些后非典时代的典型案例也终将会被遗忘。

也许有一点值得记取，那就是以上所有这些叙述，全都是在非典最肆虐的时候完成的。

异志二

夕阳下的
房地产广告

北京的房地产广告已经进入"前夕阳时代"，对房地产广告最大的伤害是不把房地产广告当作广告，但对房地产广告更大的伤害是把房地产广告只当作房地产广告！

在我从事房地产广告以前，许多人对我说：你是做产品广告的，做不了房地产广告。当我真正成为一名房地产广告人后，又有人对我说：你是做房地产广告的，所以你不懂产品广告！

其实，我做产品广告的经验和做房地产广告一样多，我所在的公司本土客户和国际客户都有，之所以被大家这样误解，是一种叫"圈子"的意识在作怪！房地产广告人在这个圈圈里鲤鱼打挺优哉游哉，"小圈子"意识造成了房地产广告始终故步自封。

你有多大的边界才有多大的空间，无论作为创意人还是经营者，都要有"大舞台"意识，都要站在本土广告的最前沿和国际广告的大范围中考虑问题。北京的房地产广告已经进入"前夕阳时代"，仅在房地产广告领域有市场占有率的广告公司早晚会遭遇危机。我始终把房地产广告当作广告大市场的一个有机组成来看，每一个作品都坚持用"房地产"和"广告"的双向标准来解读。

我也一直在说：对房地产广告最大的伤害是不把房地产广告当作广告，但对房地产广告更大的伤害是把房地产广告只当作房地产广告！

关于"北派"和"南派"

一提到北派、南派，大家首先想到的是空间的限制。其实，这更是一个关乎时间的问题。

中国最早的房地产开发都出现在南方城市，所以南方做出了房地产开发初期最好的房地产广告。随着房地产开发的深入，北京成为一个全国瞩目的大市场，应该说北京这个大市场＋房地产广告自身的积淀和发展，成就了今天的北京房地产广告，北京做出了中国房地产开发中期最好的房地产广告。如果说，在房地产的初期，北京更多地受南方房地产广告的影响的话，那么，现在的北京房地产广告则更多地影响着南方。

广州、深圳的房地产广告更传统、更保守一些，北京的房地产广告则更现代、更突破一些，出现这样的结果，城市地域的不同是次要因素，房地产开发深入期的市场转移和房地产广告自身的发展才是决定因素。这是一个独立、融合、分裂，再独立、再融合的过程，是一个起伏、变化、曲折的过程，从房地产开发初期到现在，北派、南派绝对平行独立地发展不是历史真实。

随着房地产开发的继续深入和房地产广告的进一步发展，还会形成新的话题、新的兴奋点。北京、深圳、广州、上海，谁会是下一个呢？不得而知。无论怎样发展，南北之分会越来越淡化，很难再以公司办公地点所在的城市特征来判断这家公司的风格属性，因为现在不停地有外地的房地产广告公司杀进北京，北京的房地产广告公司也在不停地走出去，毋庸置疑，房地产广告的同一性趋势会越来越明显！但是，房地产广告的同一化真的好吗？

一部作品就是一个灾难

这里只能通过我的一次实际操作来说明我对创作的感悟。

我们做了《7宗醉》之后，又以北青加报的形式推出了《十诫》，至此，《圣经》三部曲全部完成。事后我发觉我和我的团队进行了一个前所未有的劳动，即以连版广告的特殊形式，近30幅报广的史诗般篇幅，构筑了一个宏大的平面广告系统工程。

"一部作品就是一个灾难"，在大家都追风模仿美林·香槟小镇广告的时候，我意识到了自我超越的困难。

不模仿别人只是最低级的原则，不模仿自己才是真正的原则。对于创作者而言，只有过去的作品被人谈论是尴尬的。

用概念来包装推广项目是北京房地产惯用的推盘手段——美林·香槟小镇的广告创作就是这样一个完整而生动的典范。然而，追求概念也使得北京大部分的房地产广告丧失了沟通力，"态度""立场""观念"只适合某些项目，并不是放之市场而皆准的广告真理。

我们做了新的尝试，"ZAMA·咱们"是对固有模式和我自己的一次有意识的反动！放弃耍酷、放弃小资，无论买房子还是卖房子都是平民的"咱们"。

不做概念引导，不做利益打动，不做功能展览，而是直接进入心灵的深度沟通。

不营销现在，不承诺未来，不美化过去，只寻找共同的经历、共同的记忆、共同的感受，先有圈子，再有房子!

甚至放弃或半版或整版的媒体投放形式，采用首版半通栏的形式为主要载体，在降低广告投入的同时增加到达密度。

如果说"香槟"是最长的房地产广告，那么"咱们"则是最短的房地产广告，是一次小预算、小投入、短中见长、小中见深的心灵广告战役。

一部作品就是一个灾难，每一个灾难都孕育着一次痛苦的美丽！

我们现在遵循的大部分广告法则来自奥格威和路易斯时代，这些法则是在帮助一个产品从无到有创立品牌的过程中被固定下来的。然而，我们现在接触的大部分广告工作都是要延续品牌和维护品牌的，或者压根儿就不需要品牌，所以广告人总是在说：客户不需要创意，市场不需要创意。

幸亏有了房地产广告，因为任何一个房地产项目都是从无到有，都需要在短时间内迅速建立品牌以完成销售，它比起其他类产品来说，更需要创意的爆发力。这使我获得了一个和广告大师近似的角度，来印证理论与执行的正确性。

然而，在我做其他产品广告时，又更多地发现了这些"广告真理"的不适性。另外，我在几个广告公司工作时，感到无论港台还是本土的总监都不是很尊重汉语，或者说对汉语缺少应有的自觉与规范。

广告即沟通，可语言不通怎么沟通？我想无论是国际公司本土化，还是本土公司国际化，都要对汉语的广告语境有充分的自觉和认识。

说到汉语广告，首先就是文案。于是，我抽暇以汉语在广告中的使用为主题，写就了《小丰现代汉语广告语法辞典》一书。

4A 的话语权属于英语、港化的粤语或闽南语，内地市场的语境属于汉语和汉语中的方言和俚语。内地的好文案一定要尊重母语，挟洋自重的文案是队伍中的"汉奸"。汉语广告的诞生绝对不是用汉字写文案的问题，而是怎样掌握汉语这种思维方式的问题。当然，这个大话题不是靠一本书就能解决的，希望广告人共同来关注汉语在广告中的运用与规范化问题。

一个写作者的追求

每个广告人对于广告都有自己的进入角度，这与他的专业属性和过往经历是分不开的。

我写过并发表过诗，写过剧本并投拍过电视剧，这些对我不仅仅是积累，更是继续。其实，无论是大学时在中戏宿舍里写剧本还是在广告公司写文案，我的身份始终没有改变——我只是一个写作者，就像无论别人把我归于房地产广告圈，还是产品广告圈，我给自己的定位始终是一个写作者。

我认为在中国未来的广告舞台上——一家没有原创性的广告公司是不会有话语权的。我现在所在的世纪瑞博不是要做最大的广告公司，而是要做最原创的广告公司，要做有话语权的广告公司。

虽然，我们已经是北京房地产广告圈里获奖最多的公司，但我也一直坚持说：获奖不如原创重要，获奖容易，做一件真正的原创作品难！

事实也是如此，原创谈何容易？在这一点上，世纪瑞博有许多自己的怪法子，比如降低广告书籍的阅读频率和图库光盘的使用频率。因为，原创是从忘记开始的，阅读和借鉴要适可而止。

我一向认为，你做出多大勇气的作品你就有多大勇气说服客户，没出街的稿子永远都是废弃品。真正有实力的广告队伍应该是从市场真枪实弹搏杀出来的。许多人觉得这样很吃亏，但这样获得的成就会让我们心里都觉得更甜美！

电脑特技——如渐变、羽化、光影效果等在世纪瑞博也被限制使用，我们更欣赏从手中从心里流淌出的东西，更强调用人脑而不是电脑解决问题。

不开长会——真正良好的沟通与会议的时间长度成反比。提倡"健康广告"，不无度加班不昼伏夜出，一个总在开夜车的公司大多不是业务繁荣而是管理不善，一个总要报加班餐费的创意小组需要改善自己的工作效率！我一直这样要求我自己和我的伙伴。

无论过去、现在还是未来，我和世纪瑞博始终在"原创中国新广告"的路上！

创意 / 创异 /
创义

创意不是偏正词组，它包含了两个同样的内容：一是创造，二是意趣，顾此失彼都是不对的。对比国外的优秀创意，国内的创意常常忽略了后者。我们有一堆自以为很"创造"的作品，却不够"有趣味""有意思"。

没有任何广告人有强迫别人阅读的权力，趣味性是好创意的基本道德。

创意要有"创异性"！这里说的"创异"，不只是消费者阅读感受上的，还有广告人主观认为上的；也不仅是表现内容上的，还包括表现形式和执行手段上的。

许多广告人把国外的广告改头换面当作创意，理由仅仅是国内的消费者没有看过。另外一种做法是为了"创异"而"创异"，完全把"3W"原则抛到脑后。

一味地借鉴和故意地不借鉴优秀广告都是不可取的。所以，当你做完了一则创意，要看一看它"创异"了吗；反过来，当你有了一则"创异"也别忘记自问一句：是"创意"吗？

有"创意"，够"创异"，是不够的，好的广告还要有"创义"！芝华士的创意在展示品位之际，不忘述说人间真理。贝纳通引领世界潮流的同时，重新解读人生的意义。好的"创意"，首先要将本土的语境赋予意义，一味"洋审美"的创意永远不会有"创义"！

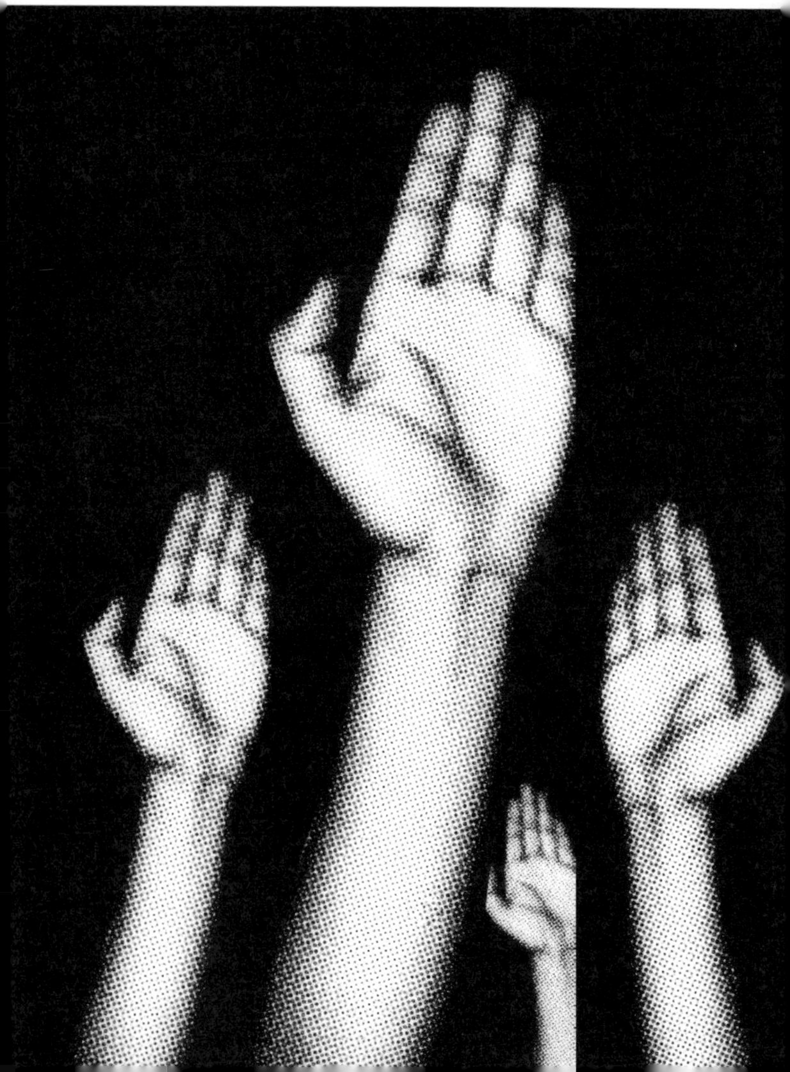

答客客辩

「坐在最后那排的同学！请回答问题！」

「小丰老师，关于这个问题你怎么看？」

看来，无论做学生还是做『小丰老师』，都逃不了回答问题。也许人生就是一场没完没了的答题游戏。弹指一挥间，不管是否愿意，时光之手已经把躲在最后一排的那个小破孩放到了人生的最前排。

「如果有一天不做广告了，你做什么？」

「不知道！」如果到那一天，我希望自己能把这本书轻松地扔在一边，真心地骂一句：『真烂！』

答辩一

房地产广告
这 20 年

《喧哗与骚动》，福克纳这本书的书名可以概括这20年来房地产业的发展。

从集团购买到私家置业；从排队拿号到高空置率；从土地使用放开到"国六条"宏观调控。

——我们于喧哗与骚动中，经历了国家、政府、房地产开发企业到消费者的惊慌失措再到理性与规范的种种角色调整与扮演。

从一个城市到全国各地；从一个产品到产品系列；从一个项目、一个企业到一个品牌。

——我们于喧哗与骚动中，收获了万科、中海、金地、华润等渐趋品牌化和专业化的房地产开发企业。

从深圳到北京，从南派地产广告到北派地产广告，从爬行现实主义到原创多元主义。

——我们于喧哗与骚动中，见证了一个个经典性和探索性房地产广告案例的诞生。

20 年，专家们所臆想的房地产泡沫不仅没有破灭，而且还流淌成了一条喧哗与骚动着的大河。

20 年的喧哗与骚动，起起落落走走停停，让我们停不下跟不上。

20 年的喧哗与骚动，沉渣泛起鱼龙混杂，让我们听不清看不明。

20 年的喧哗与骚动，应该溯本清源。

20 年的喧哗与骚动，应该大浪淘沙。

我们不知道这条河还要喧哗与骚动多久，但我们已经看到这条河越流越清，越流越缓。

20 年的中国房地产业，依旧喧哗与骚动。

20 年的中国房地产业，依旧在路上。

地产广告
与产品广告

可口可乐的广告是没有每日电话统计的。 通用汽车的广告是没人计算受众真正到场率的。

如果你想养尊处优，为一个成熟品牌做长期的保养和维护，请你去 4A 广告公司，当然，你想把它做得精彩和把它做死一样难。

如果你想焦头烂额，从无到有从 0 到 10 创造一个项目，请你来做地产广告，不过，你要常常被当作销售不佳的替罪羊而且百口莫辩。

产品广告是跨区域全时空的，地产广告常常是一城一时的。 产品广告的提案对象更多的是企划总监，地产广告则是销售总监。 产品广告重策略，地产广告重战略。 产品广告是单点诉求，地产广告是多点诉求。 产品广告的视觉表现以电视为主，地产广告以平面为主。 产品广告的文案重听觉，地产广告的文案重阅读。 产品广告只说服一个人的一次，地产广告要兜售一个人的一生。 产品广告奉行的是奥格威们的经典广告法则和评委们的获奖广告标准，地产广告没有法则没有标准，如果有也以原创为准。 产品广告是脑力劳动，地产广告是脑力劳动＋体力劳动。

哪个更有挑战性？明摆着！

关于

原创

世纪瑞博的理念是"原创中国新广告"！这也是我的信念，中国广告的新生命必须从原创开始。

"如果我们的稿子模仿了别人，请把稿子毙了！"

"如果我们模仿了自己，请把我们毙了！"

我们有太多几年如一日地重复自己的单一风格的公司或个人，他们其实是"伪原创"！

我想我们是中国最先有自觉的原创意识的一个公司。我们也是坚持得最苦的一个公司。我们的《7宗醉》等作品在全国各地一再被模仿被抄袭。在中国目前的广告环境中，你的原创常常变成别人的模仿。

地产广告的年鉴卖得很好，但大部分被用来做了工具书，许多公司直接从上面"扒"作品。拿来主义尚可倡导，扒来主义应该杜绝。

原创，是最初的专业，也是最终的专业。记住，如果你选择了原创，也就选择了一条最艰辛最漫长的无人喝彩的征途。

房地产
广告的现状

目前的房地产广告是中国广告中最活跃也最封闭的。

目前的房地产广告是中国广告中最原创也最原始的。

目前的房地产广告是中国广告中最有思想也最浅尝辄止的。

目前的房地产广告是中国广告中最有立场也最故步自封的。

目前的房地产广告太多的自发盲目，缺少创作的自觉。

目前的房地产广告太多小聪明小智慧的风味小吃，缺少大餐和正餐。

目前的房地产广告太多的模仿和剽窃以及模仿的模仿、剽窃的剽窃。

目前的房地产广告太多的爬行现实主义，把创作变成了服务业。

市场的需求导致广告的生态。房地产广告的光荣与失败，崛起与没落，终将由市场孕育与偿还。

"出来混，早晚都要还的！"

房地产
广告的前景

房地产广告现秋阳高照秋风习习，但远还不是冬天。

房地产广告的终极是黄页广告？欧美房地产广告的命运这样告诉我们。

在中国，这或许需要一个更漫长的时间，房地产广告还有足够的时间苟延残喘。

在中国，房地产广告运行的轨道和命运或许会有所不同，世界上从来没有一个时代和一个国家同时有那么多人需要购买住宅，人类历史上也从未有过这样繁荣的房地产市场，这个市场的存在决定了房地产广告的存在，及存在形式的不同。

无论怎样，我们处在了后房地产广告时代，市场会进一步细分，竞争会进一步加剧，房地产广告会从综合的房地产服务机构分离出来，将来的某一天，又会分久必合重新合并回去。

公元 20×× 年，房地产广告终于凤凰涅槃，还中国的房地产广告业一片祥和平静与净土蓝天！

时效性
与经典性

两者并不矛盾。一个真正的作品要经得起这两个时间概念的检验。一个是时间的点，一个是时间的长度。广告创意人对生活对生命首先要有这两个时间概念，这是最本质的。

我反对没有时效性的广告。但客户与广告公司对时效性的看法是不一样的，也不应该一样。当这两者发生冲突时，一个专业的广告人要懂得坚持自己的观念。

我反对自私的广告。许多"飞机稿"成不了经典是因为它们是自私的。真正的经典性是博大兼爱的，完全抛弃了客户和市场的时效性也就失去了经典性。

　　时效性与经典性都不是闭门造车。一个作品在出街前，你要学会用别人的眼光别人的角度来审视它。其实关键是你的作品是否有穿越时间的深度和厚度，还有解决现实问题的锐度，单度创作偏颇其一，三度创作才可三者兼顾。不过，这只是我个人的"三度文化"。

变化

与影响

任何政策法规调控的变化，无非都是令这个市场越来越理性、规范、公平。作为这个行业的服务机构，也会被要求越来越符合这个市场的规律。

这是一个抬高门槛的过程，你必须具备规模网点人才的优势。这也是一个淘汰的过程，你也必须做得更专业更有竞争力。

市场会越来越小，利润会越来越低，优胜劣汰，适者生存，这块蛋糕越来越小，分享蛋糕的人也会越来越少，如果你想留下来吃蛋糕，就踏实耐心平和地做自己的专业，专业永远有市场。或者跳出去。

我们是个不仅仅做地产广告的公司，也没有把自己定位于一个行业，但我们是个以专业为本的公司，理性、规范、公平的竞争环境对我们利大于弊，我们欢迎这种变化，但不会为此刻意改变什么。

甲方
与乙方

你不适合做所有甲方的乙方，首先要明白这点。世界上也没有为乙方而生的甲方，这你也要明白。

双方距离太大，就互动不起来，这样的客户多到一定程度，会给你个人和公司带来极大的危机。

甲方要求有几种：

1. 不专业且对产品项目有伤害的。这种要求坚决要抵制，但要抵制得有策略，让他明白利害也是你的义务。

2. 不专业但对产品项目没有伤害的。这种要求其实是对你的要求，你要把这个不专业的想法变得专业。

3.很专业也有利于项目的。不要为了表现自我而非要反着干，配合他，抓住机会，你扬名立万的时刻来了!

我一直相信，只要专业够强大，你就有主导权。因为客户不专业才会找你，但怎样让客户信任你的主导是个更大的专业，这也是广告乙方要重视起来的专业。

好坏的
标准

我认为：短时间创作不出高质量的作品，短时间内只能创作出高质量的"行活儿"。

房地产广告对你的创作确实有"短时间"的要求，在这个时间内出作品，还要取决于你工作之外的"长时间"。也就是说，任何"短时间"内创作出来的作品，都经过了"长时间"的业余积累。

如果你想在短时间内出作品，那么就要长时间地去修养和积累，这个没有快捷方式。短时间内创作出高质量的"行活儿"则不难达到，那只是多干常干就可做到的"熟练工"。

评价一个房地产广告作品的好与坏有两个标准。

一个是有标准的"标准"，那就是是否达到了广告目的，这个是硬标准，一个偏离了广告目的的创作再好也是坏的。

一个是没有标准的"标准"，那就是是否原创，原创是没有标准的，它也许不能获奖，但它有真正的价值和智能含量，真正原创的创作再"坏"也是"好"的。

还有两个小的补充标准，一是是否引起了注意和争论，哪怕是批判，一个让人连评论欲都没有的创作肯定是"坏"的；二是是否引起了模仿，一个没人模仿的作品，那么也没有多大的创造成分，也是很"坏"的。

　　其实真正"坏"透了的，是那些不好不坏不痛不痒的创作，因为许多坏作品是因为一个新想法没有实现好，而不好不坏的作品压根儿就没有想法。

提升
自我

提，先要沉。沉不下心生活，沉不下心读书，沉不下心搞懂产品，沉不下心创作。浮躁是地产广告人的普遍心态，但和任何艺术创作一样，广告创作同样需要深厚的文化修养与生活积累，沉下去，才能提上来。

升，先要降。给自己的假性自尊降降火，给自己的获奖情结降降温，给自己的自我陶醉降降烧。虚升的房价总要降下来，浮夸的自信总要降下来。不降，怎么能升？

任何技巧都可以通过学习获得。任何通过学习就可获得的东西对创造都不是那么至关重要！抵达乐土的路，只能走"窄"的门。提升自我，也只能走"窄门"。

答辩二

如果有一天
不做广告

1. 广告对你的生活有什么改变？ 你满意这些改变吗？

广告就是改变。 广告教会我看待一切改变。

广告只能改变你的生活态度，广告对你的生活无
能为力。 你在广告中得到的在别处也可以得到，你在
广告中失去的在别处也会失去。

如果你厌恶了改变，如果你达到了满意，那么你
就应该告别广告了。

改变永远是现在时，满意永远是未来时，这就是

广告式的生活态度。

一切变化皆合理，一切变化皆自然。是的，广告能给你的生活很不崇高，准崇高也不是，但没办法，谁让你一直对广告说愿意呢?

2. 你认为广告人专业技能是越细分好，还是越综合好?

世界上先有专才，后有通才，当然，更多的是不专也不通的才。

一个样样都不专的通才是可怕的，这样的通才没有立身之本，一个只有一技之专的专才作用是有限的，中国历来不缺少工匠。

无论对于一个公司的现实需要，还是一个广告人的自我发展，都应先分后总，先专后通，现在的情形则经常是反过来的，这是急功近利的结果。

只有一种人可以例外，那就是天才，比如达·芬奇，不过如果达·芬奇仍旧活着，他会选择广告吗？

3. 新媒体对创意会有什么影响和改变？

两个词：一个是坍塌，一个是重建。

经典广告理论面临着一场坍塌，许多我们坚信不疑的广告真理在网络广告面前会成为谬误，但这会是一场缓慢的坍塌，也许比我们倒下用的时间都要长。

坍塌之后是重建，最好的创意是建立在废墟上的。

中国原创广告的一个机会就在这场重建里。因为在传统广告领域，我们落后了欧洲几十年，网络广告来了，重新洗牌，大家又重回到起跑线，起点是同步的，结果也必然是公平的。许多广告人离开奥格威不能做创意，未来的网络广告不认识奥格威，新事物更容易接受新事物，这从主观和客观上都为中国原创广告的崛起做好了接生准备。中国的新广告就在这场坍塌和重建里。

4. 多数的出街创意甚至是"飞机稿"都有似曾相识的感觉，原创还是你信奉的原则吗？

我的公司和个人都有一个自我使命：原创。

在世纪瑞博的 PPT 文件里有这样一段话：如果你发现我们的稿子重复了别人，请把我们的稿子毙了；如果你发现我们的稿子重复了自己，请把我们毙了！

原创，应该是种行业行为，但在现在的中国却成了一个行业理想。

大部分"飞机稿"其实都有着强烈的功利心，是对国际大奖评委们的趣味妥协和审美贿赂，想要原创，就要有一颗平静和寂寞的心，就要远离欧美主流广告话语的影响。

原创，是最初的，也是最终的。

5. 你认为，在中国运营的外资公司及本土公司，是否真正找到了适应复杂多元的中国消费群的沟通方式？

中国目前的消费市场是极具动态和缺少规律的，这决定了我们难以用某种固定的沟通方式来和它对话。

我们只有以战养战，以动制动！

这种变化中的摸索导致了很多错位，导致了我们广告效果和广告创意的反向比，常常是有效的广告反而没有什么创意，有创意的缺少广告效果，在这一点上，外资公司和本土公司没有什么本质差别，都在做着自己不认可的实效广告（消费者也不是那么买账），创意就交给了"飞机稿"去意淫，灵与肉的分家，说明我们对这个市场的惶然无措和无力把握。

也许这只是过程，但我想中国这么庞大的消费市场，这么广泛的消费群体，是不能用几种固定的消费方式搞定的，但局限在某个领域某个群体的广告沟通或许能够建立通道。

广告与消费者的沟通方式，我们应抱着动态的眼光来看，广告和消费的生命活力也许正在于此。

6. 你希望有怎样的工作伙伴？谁是你最好的搭档？

最好的搭档不如最好的团队。做 CD 你要有强力的搭档。做 ECD 你要有很牛的团队。

搭档是遇到的，多数情况下你无法选择。团队是带出来的，但需要你带到吐血。

除了外部的搭档和团队，你内心里还要有一群很牛的工作伙伴，我的内心搭档们是卡夫卡、马尔克斯、高更、尼采等这些真正的世界大师。他们才是你最好的工作伙伴，你无法选择你遇到谁，但你可以选择把谁放在心里。如果可能的话，你也要介绍你这些内心的伙伴与你团队的人认识，这样，你才能有一支完整的团队，有一群强大的工作伙伴。

7. 有两条创意，一条是可以得奖的，一条是推动销售的，你会选择哪一条？

飞机大王们是广告和销售的灾难。我永远选择后者，我也希望我的手下永远选择后者。

得奖只是销售的副产品。两者不完全矛盾，但是有主次。不要带着两颗心去服务你的客户，创作可以是自私的，效果必须是无私的。

8. 对现在的广告现状满意吗？为什么？

中国广告处于后殖民状态。民族广告还是星星之火。

民族的，才是世界的；世界的，未必是民族的，这些观点我在《小丰现代汉语广告语法辞典》里一再表述。

原创之路是孤独的，因为你在相当长的时间里要与欧美主流广告话语沉默地对抗，而这是和你的业内生存息息相关的，诱惑和妥协都是一种必然，更有一种媚俗的低层次生存，以专业牺牲换取订单，这两种广告状态是中国广告的主流。

中国本土广告的崛起之路漫漫无边，我们看不到几个勇士的背影，却有一帮帮麻木的看客。

9. 广告的理想状态应该是怎样的？怎样才能实现？

广告应该更纯洁。

广告应该更灵性。

广告应该更原创。

广告应该更美学。

广告应该更娱乐。

谈广告的理想状态太远，当下的问题是广告能有个干净的生存环境，有个健康的身体，不要有那么多公关、那么多抄袭、那么多敌意、那么多虚荣、那么多浮躁。个人对抗不了整体环境，但必须有人对抗！英雄难免悲壮，但我们需要这种悲壮。

只有个体的突破，才能带来大众的追随和觉醒。让我们期待本土广告风云人物的出现，并为他们准备好必要的空气、土壤和环境。

10. 考虑过转行吗？为什么？
如果转行，希望在哪个行业？

我一直在从事写作这一行。有人在设计广告，有人在策划广告，我在写广告。确切地说，我是在从事写作这个大行业，我写作过诗，写作过舞台剧和电视剧，写作过广告语法，我一直在转行，却一直未离开写作这个行业。

具体的写作内容不一样不重要，怎么来划分这个行业不重要，重要的是你还在写作，重要的是你是个"作者"！

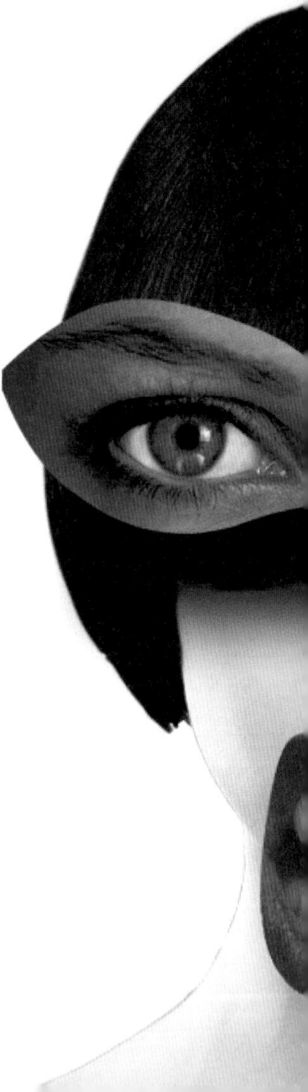

对画录

在我的另一本书里我曾经说过，检验你是不是一个文案高手标题玩家，最好的方法是去论坛里发帖子看点击率。

广告猛人首先应该是个网络达人，这条规则既适合「罗大佐」这个短暂的网名，也符合未来广告的发展规律。

网络给广告带来的影响会远远超出我们的贫乏想象，在未来的某个时间里，也许你不相信——广告人都是网络人！

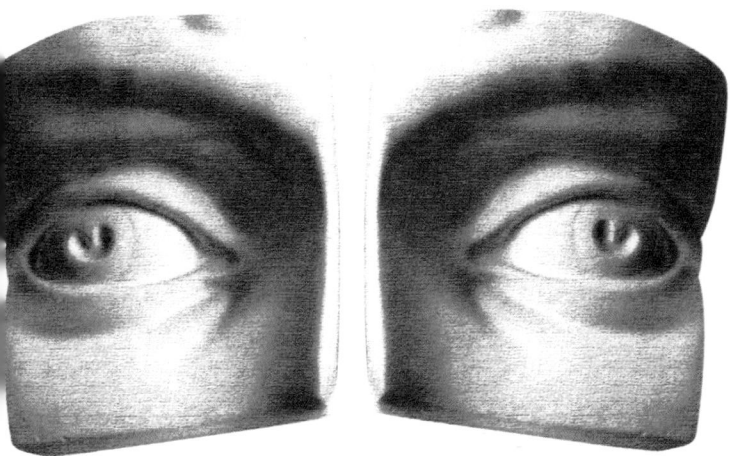

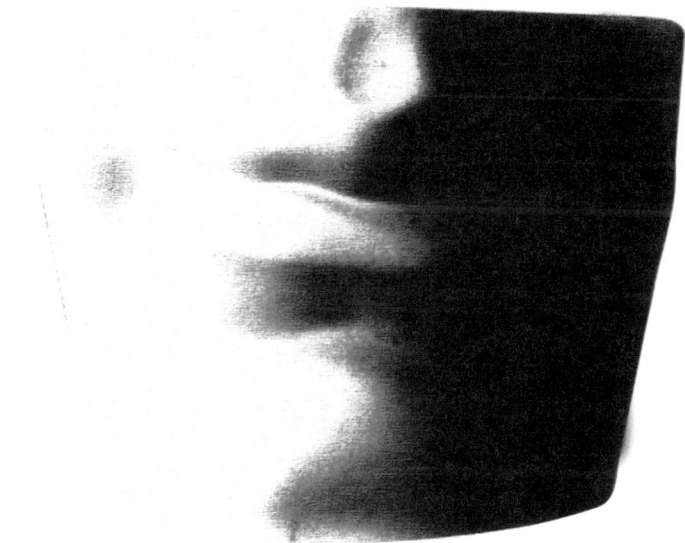

对画一

小丰语法
应该反掉!

关于《小丰现代汉语广告语法辞典》的

对话 小丰

双方 劳博：知道者（PFT）国际广告公司

《广告圈》特约记者

"为什么反" 和 "反什么"

小丰 —— 其实做我们广告这行会分三个阶段：一是做稿子；二是做广告；三是反广告。我是做反广告。注意我语法书中的那句话：反广告比做广告重要。怎么说好？比如阿巴斯·基亚罗斯塔米的《橄榄树下的情人》就有很多电影语法的错误，但它仍旧是一个完整的故事，而且很棒。

广告和艺术有区别，署名和不署名是广告和艺术的重大区别，但被当时的反广告把艺术反掉了，我现在反回来，是想还原一些被广告剔除的营养。

劳博 —— 小丰提到的三个阶段中，个人认为第二个阶段会很漫长，国内的广告观现在都没有很好地建立。广告观的建立需要一段很漫长的时间，反的话除非是产生了很多规矩，否则就是时机未到。我担心程序未建立起就推翻的话会打掉这个行业仅有的自信心。

现有国内的规则远远未成熟，所以不被完全接受。（小丰插话：国内的规则怎么不成熟？简直如铁笼一样成熟！）现在很多规则是盲从于国外的某些大规则，但这是一个必要的过程。小丰的"规则如铁笼"的观点是指目前国内的规则单调和笼统，未能激发有效和精彩的创意。真正好的广告理论能够指导入行时间不长的人进行正常作业并能有所突破。实践经验也同样重要，只有经过失败的痛苦反思，才有资格反省和不断颠覆现有的作业模式去寻求突破。

规律，圈定禁区还是力求打破?

劳博 —— 小丰推出了《小丰现代汉语广告语法辞典》，在总结了一些规律的同时，也肯定限制了相对的空间，这是不是广告界的"圈地运动"? 广告是一个需要不断打破规律的行业，所以不免有一些顾虑：树立规范是为了认识还是打破?

小丰 ——《小丰现代汉语广告语法辞典》其实只重复说了一个道理，那就是语无定法。这是一本悖反体的书，以立法的形式来反对立法，就像德里克·贾曼的《蓝》——用电影的形式反电影。既有的语法成规被打破一次，我们的语言生命就生动鲜活一次!

怎样验证一个规律的绝对正确?

劳博 —— 来重温一下小丰一些精彩的观点：文案有时

就是讲故事；文案要说出来：好的文案是要耳朵、眼睛等五感兼顾的；语速、语流是非常个人的，等等，很精彩。每个文案都要找个最有感觉的说服习惯，不一定是规律，是形成思维的习惯，先说服自己，再说服顾客。

小丰 —— 不要寻找写作的规律。即使有规律，也最好只存于你的下意识里。有时掌声是对你的写作的印证，有时骂声是对你的写作的更好印证！其实这不仅是一本谈"招数"的书，更是一本讲广告态度和立场的书！

做广告要多用"过去进行时"？

劳博 —— 这个提法很独特，但其实我对此有不同看法，房地产里其实更多的是对未来使用的承诺，即便普通的商品，你传递了使用经验后，最终还是要承诺他未来的使用感受。未来进行时、正在进行时未必不是好的时态，关键在于写作者如何理解商品并准备如何向他人推荐。

小丰 —— 说服不如分享，说服别人去接受一个产品，不如和他分享使用这个产品的经验。广告人不是理性的专家，而是不经意的说服者！

中国人做广告怎样说中国话？

劳博 —— 在国内由于普通话占据绝对强势地位，所以研究普通话的使用习惯基本上就是研究了广告语言。很多本地化的语言（即方言）如果在当地使用，极具亲和力，但对外地人就不利。如粤语在香港的使用很频繁，闽南语在台湾的使用也通行无阻，可是面对外来人的时候就显得苍白了。

小丰 —— 普通话不等于汉语。方言不等于汉语。你该使用的语言由你所在的市场语境决定。

中国人的广告语言应该是怎样的？

劳博 —— 方言还是许舜英？还是有探索的无限可能？探究中国广告的语言，不妨从中国的语言说起，文学种类（诗、小说、散文、杂文、话剧、对联、谚语、俚语、打油诗等）中可以作为广告语言可资借鉴的范例真是太多了，所以本人坚信中国的广告语言没有迷失，只是尚欠探究而已。

小丰 —— 提倡汉语广告不是要复古。我一直强调这是一本《小丰现代汉语广告语法辞典》。汉语被现代广告忽略了，所以它有更大的可能性。

关于广告的欲望原理

劳博 —— 电影的挑战是如何讲一个好故事，广告的挑战在于怎样引起欲望。两者对于人性都需要有极深的了解和探索，以及对敏感度的良好把握。现在国内很多广告说实话对欲望的理解不够——对生活状态和对物的欲望。故事讲述的可能也是欲望，对物的欲望。

地产广告里调性成功的话就很容易打动顾客。里面有邻居为谁、认可度多高和虚荣程度的因素。

如果把广告还原为艺术的话，就太了不起了。买房子是很多人一辈子最大的买卖，房地产广告里之所以诺言（欲望之一）很重要，是因为大家对这个东西很看重又害怕看错。

小丰 —— 这一点也要反，广告能讲个好故事就够了，欲望原理更多的是理论。其实是一样的，我正在做一个牛奶的推广，不做什么创意只做调性，我在实践中把欲望置换为心灵。

其实市场最大的特点是非理性和不确定性。4C、4P 理论都是把目的直接暴露出来，很功利，做得越专业越让人怀疑，其实越贵的东西越不理性。

关于广告文案中的文学性

小丰 —— 其实奥格威奉行的是功利广告原则，不知你们有感觉没有，再按他老先生的方式写文案——文字的品质感就特次，他扮演的永远是一个假装得很专业的促销员。

另外许多人在谈广告和文学的不同，我却尽量把广告丧失的文学性打捞起来……效果不像大家想象的那样差。比如，话剧、诗、散文、小说、语录、传记、游记的重要元素都曾在我的广告中出现。

劳博 —— 现在亚洲广告里泰国、印度、新加坡都形成了自己的广告语言，中国内地还没有。美国的文案很促销，他们可以大声地叫卖而没有人觉得不妥，所以文学性会流失。

"泰国、印度有，新加坡更多是直接使用了欧美的语言。"

语言更多时候是个人的习惯，像阿三的打油诗、罗大佐的诗化内文。我觉得如果每次都能让读我们内文的那些顾客闻到文字的香味，强烈感觉到其中的感情，就是对他们最好的报答。只有最贴近消费者心理习惯的语言才能形成大气候的行业语言。矛盾的是，语言使用的集中化、多元化并行发展是这个行业的两种惯性。

电影的生存现状比广告要好，而广告行业的真正时间要少很多。电影在国内延续发展至少有 60 年（忽略"文革"的十年中断），中国内地真正有延续性的广告经历只有大概 25 年（1980—2004 年）。不要羡慕电影在国际上的地位，只有经过长时间的实践和积累，广告才能用汉语或中国化的形式让国际眼光认同。泰国的广告很单纯很有效,其实就是泰国国民心态的一种文化映射。

文案的价值

劳博 —— 要评判一个文案的好坏,有时我宁愿把标准定在思考和执行的平衡点上,就是一个文案能想到什么和把这个想法执行得怎么样。

在美国的广告公司,文案基本上提供创意思维和爆发点,文案写作不过是常规工作,于是我们可以看到美国4A 很多的 ECD 都是文案出身。而欧洲广告公司的广告则侧重艺术性,要求想法和视觉都要很出色,于是 ECD 这个职位大多是美术出身,但这两个类别都渴求由完人(即想法和画面都很出色的人)担当。而对文案而言,文字的艺术化处理是基础,是对文案工作的基本要求。

其实,我们本次着重文案写法的讨论,有时间的话我们不妨另外进行一场"文案创意能力"的讨论,以实现文案职能的全面性。

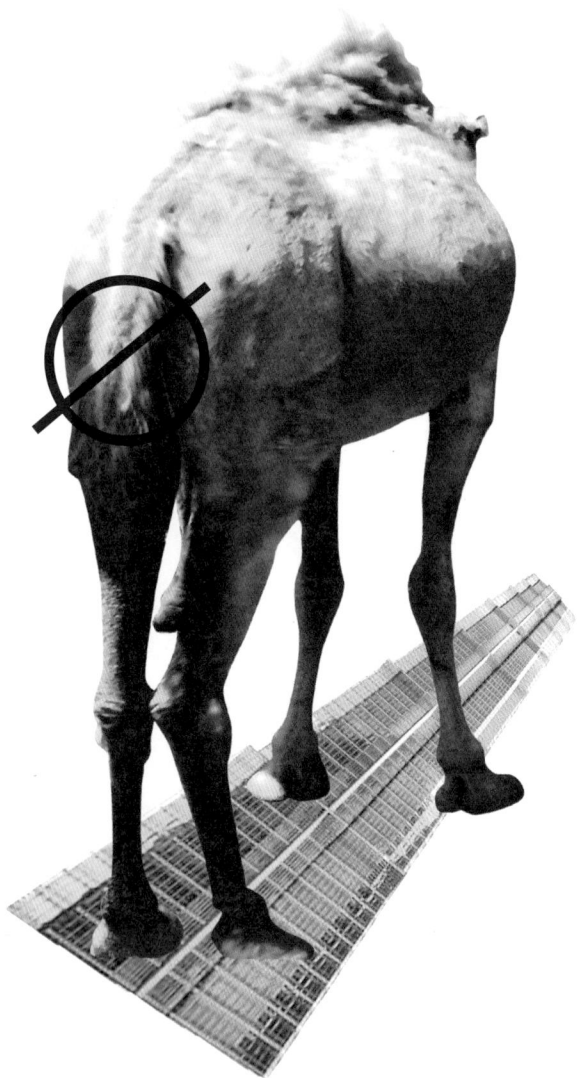

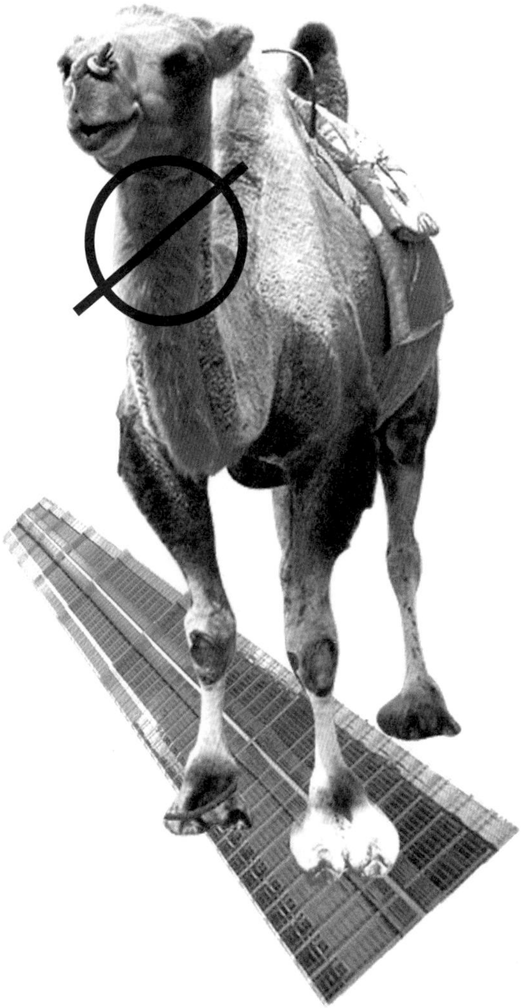

小丰 —— 好的文字本身就是创意，好的视觉也是。 文案是一篇广告的灵魂，好创意应该从灵魂中来！

语言的本土化

劳博 —— 更多的汉语使用方法其实在港台先取得认可，这可能跟行业在当地的成熟程度有关系，如"人头马一开，好事自然来""钻石恒久远，一颗永流传"，这两句如果用粤语发音，可以更强烈地感受到音频和情感相乘后的优美效果。许舜英现象在某种程度上代表了台湾的广告积累和高度，使用更显成熟。之所以把"许舜英广告"当成现象，我个人觉得她这种方法不是很适宜普及的文案形式，不易形成口碑相传。大陆的文案很多停留在诗和散文的范畴，其实话剧里的对白更家常更直白更活泼，个人认为是广告文案值得借鉴的一种形式。

小丰 —— 我在一本楼书里曾经实验过舞台场景和舞台

语言。没有谁规定广告不能像散文和诗，没有谁能拿出证据说那样一定没有广告效果。生活里有什么，广告就没有理由拒绝！

任何一种固定的规律和套路都不是广告的全部。很多广告人一直在阉割广告的外延。

文案独特的语言

劳博 —— 每个文案最擅长的必定是自己的语言，生活的积累和学识的汲取相加或乘方后，才能慢慢形成属于自己的语言习惯。所以好的文案难找，因为生活和学识积累对于 25—30 岁正当盛年的文案来说，需要时间。这就意味着你要用 3—5 年（指离开学校后）的生活、学识积累和所有人对话，其中的沟通压力不妨想象一下。

小丰 —— 积累和修养是广告人的核酸，现在有太多的"行活儿专家"！别忘了，奥格威和孙大伟都是 30 岁以后才开始写文案的。

"零语态、零语气、零语调"，杜绝个人风格

劳博 —— "零语态、零语气、零语调"，是罗大佐提出的一个经验，相信很多文案也会同意这个观点。让作者的文风跟从产品的性质和个性，全面发展品牌的个性，文案为品牌而生。

观照文学作品，刘震云早期的作品《新兵连》《塔铺》属于这类风格；余华的《许三观卖血记》《活着》是同类风格；挪威某作家的小说《饥饿》也是这样的风格。（当然，某记者的《零距离：李响与米卢的心灵对话》是例外。）与文学创作不同，文案写作越早确定风格，越意味着他与"伟大文案"的距离增大。在广告作业中，我们很担心文案把自己的风格注入品牌性格，更希望文案甚至他的搭档能够戴着品牌的枷锁，跳出美妙的舞步来。

小丰——"零语态、零语气、零语调"，不意味着失去个人风格，就像每一张脸都可以面无表情，但依然会留有它的本色。

有人说我是"剑宗"高手，其实无论"剑宗"还是"气宗"，到最后都与"剑""气"无关，最后的区别仍旧是用剑的人。

每个产品以有自己的风格为大，但每一篇好文案都会留下作者自己的隐性标记！

文案的角色？

劳博——广告文案写作时应身处怎样的角色？文字里，喜欢写诗的人很重视通感，擅长写散文的人则很重视个人感觉和现场感受，写小说的人就想着时刻给你讲个故事，喜欢写杂文的则文风犀利……回到广告上来，究竟哪一种写法更有效率和说服力？个人经验，给朋友写信的感觉是比较有效的。试想一下，你拒绝过读亲

密好友（甚至情人）给你写的信吗？读的时候有没有
百感交集？

小丰 —— 还是那句话，所有的方式都是工具，如果大
白话能解决问题，那么它就是诗，就是散文。广告作
者的写作风格应该是隐性的，许氏（许舜英）做派只
是成就了一种广告文化，放在现实中考虑，总有那么
点不道德！

怎样执行广告语言中国化？

劳博 —— 在您的广告作品里，更多的是能看到《7宗
醉》《HOUSE·十诫》《7天·创镇纪》等《圣经》上的
知识或文字，只有诗化（通感的大量使用）的内文才
能感受到中国诗的味道，可以看出您对西方文化的运
用很得心应手。但我和很多朋友一样，还是有点遗憾，
未能在您最满意的作品里看到纯粹的中国元素的中国

式表达。

小丰 —— 鲁迅、胡适的中国性是在向西方的借鉴中体现的。"纯粹的中国元素的中国式表达",是书法艺术的法则,但它已经失去艺术的现实生命了,汉语是在融汇中演变的——这是汉语的现实,提倡汉语广告并不是要贩卖古董,那只是"伪汉语"!

《7宗醉》《HOUSE·十诫》《7天·创镇纪》的外在形式是西方的,但它的韵味和意境,最重要的是它的思维方式是汉语的,汉语不是封闭的,它允许任何形态的事物进入,关键是要将它们有效消化。

《ZAMA·咱们》其实更体现了纯粹汉语的力量,许多人告诉我说被它"击中"了!

中国现代广告应用很成功的中国语言习惯有哪些?

劳博 —— 我自己列举不出来。"晚报,不晚报"好像是一个例子，去年中国 IBM 的《顾晓鸣教授》的概念和表现让我很震惊，可惜这是老外（Scott Mollan）做出来的。还有就是北京房地产广告内文的各种写法。比较成功的房地产广告文案中，很多元素都取材自西方文化，您怎么看这个问题？上述现象，是项目本身属性的问题，还是创作者知识结构导致的结果？

小丰 —— 崇洋是部分中国人心理的一部分，西化是现代汉语的一部分（我们毕竟不是在搞古汉语），就像美林·香槟小镇是法式建筑，我不能背离这个主题。广告是大众艺术，要受集体意识和无意识的制约——只要它是真实的。广告是真实的谎言！

SLOGAN、标题、内文怎样全面本土化？

劳博 —— 中国文化承载中国广告，我们在作业时其实无形中总会受到影响，古诗、对联我倒不觉得绝对不能用，而是不妨探索怎么用的问题，你要一个受中国文化熏陶20多年的人完全抛开他所受的文化影响去重新开始探索，未必是最好的办法。如白沙的"鹤舞白沙，我心飞翔"就用了词学中对仗的手法，大家接受得就很舒服。帮助一个文案找到他最舒服的表达方式，不但是文案本身的责任，更是他的总监和同事的任务。

小丰 —— 这不是一个中国或西方的问题，这是一个传统与现代的问题。对联、古语没有什么不好，但它们早已不符合现代人的口语习惯，隔着古代的文体和现代人沟通其实还是站在广告外面说话。

何时能形成中国化的广告传统？

劳博 —— 小丰你现在能否预测，中国广告的基本传统在近十年有可能形成吗？这也是很多文案经常问自己的问题，也可能是整个行业想要发问的问题。

小丰 —— 慈禧能出现是因为她老公和自己的弟弟失和。我们可以判断，但历史永远不会按我们判断的发展：必然对历史的发展起作用，偶然对历史的改变起作用。

中国传统如何跟国际接轨?

劳博 —— 在我们大量接触的国外广告和文案中，有非常优秀的成分。我相信眼界越开阔，心胸就越开阔，下手就越没有边界。我们从国外的文案（标题和内文）可以看出，欧洲人喜欢讲故事和煽动情绪；美洲人喜欢创造新点子，新想法层出不穷，聊天式的内文和标题成为主流。

从我的角度看，中国广告里能够自成风格的，可以找出许舜英流派、香港 SUNDY 流派，而内地的广告则未能找到自成一派的广告文化。不知道是时间积累未到导致火候未够，还是行业尚缺乏潜心深入作业的习气?

小丰 —— 许舜英流、香港 SUNDY 流是作者化的文化现象。"作者电影"也是电影文化发展的一个结果。广告是否需要作者，因为它与真正的艺术有本质上的区别，这个问题恐怕不会有标准答案。

对于当下中国的广告，恐怕"原创"是更迫切的。确实，这是需要时间积累的。但和前几年不同的是，现在有一些中国本土的广告作品在民间流传（虽然它们未被西化标准的广告奖所接受），这说明我们的广告作品已经开始具有生命力，广告其实更应该是一种民间传播，而不是殿堂加冕，让我们一起更多地关注中国的民间广告。其实，这些作品在当下中国的生命力和影响力远远大于那些所谓的金奖作品，我一再地说：妄自菲薄是中国本土广告前进道路上的最大敌人。

对画二

网络娱乐的
广告江湖

新浪娱乐频道《七种武器》广告

对话　小丰
双方　子路

子路 —— 您是在什么样的背景下进行新浪网的这次广告推广的？

小丰 —— 这是个非常有趣的背景，就是网络这个媒体本身需要在其他传统媒体上做广告。这也是网络这个新媒体发展过程中的必然阶段。网络的出现，极大地削弱了传统纸媒的统治地位，但它自身仍未强大到可以完全代替传统媒体的地步，甚至它还需要在传统媒体上推广宣传自己。简单地说，这是在传统媒体上给网络这个新媒体做广告，它是为网络做的广告，但不是网络广告。

子路 —— 传统媒体和网络媒体的平面广告有什么不

同吗?

小丰 —— 这其实是另一个问题,就这次创作而言,在形式上和传统媒体的平面广告没什么不同,区别是气质和内容上的。个人认为,网络和传统媒体并不是一个非友即敌的简单关系,世界许多著名的报纸如《纽约时报》等都在出网络版,通过网络推销自己,在相当长的时间内,新旧媒体还要相依为命,互帮互助。

子路 —— 我们进入核心问题,这是一组新浪网娱乐频道的广告,把娱乐作为一个产品来看,它就有很多特殊性,关于这一点,您在创作中是怎么理解的?

小丰 —— 广告主是特殊的,是网络企业;广告的产品是特殊的,是娱乐信息。在大家日常的观念里,媒体是不需要做广告的,娱乐也是不需要做广告的,因为它们就是广告本体的一部分。这样问题就来了,就是

怎么为"广告"做广告？特殊的广告主和特殊的广告
产品决定了这组广告也必须是特殊的，否则就是失格
的，广告产品的娱乐性也决定了这组广告必须有娱乐
性，否则就是失败的。网络之网络，娱乐之娱乐，广
告之广告就是这次广告创作的核心，这样说有些玄而
又玄，但这是最本质和直接的。

子路 —— 那么在具体的广告表现上，这三点是怎么
体现的呢？

小丰 —— 先说网络性，这可以直接地从广告的美术元
素中感受到，首先是单个元素上的，借用了网络游戏
中出现的许多图形；再就是构图上的，有强烈的递进
感和动作性，非常 flash 化，这些都是网络广告的平面
特性，它与传统产品广告的视觉单中心制不同，整个
画面是散点透视的，有多个视觉中心，有一定的实时
浏览感。

再说娱乐性，首先它借鉴了古龙的"七种武器"这个娱乐性概念，然后对应了新浪娱乐频道的七个功能特点，再把它们具化成一组组视觉意象。这些视觉意象的形成则来自马楚成的漫画、日本的大友克洋的剧场版电影以及流行的网络短片，综合了各类娱乐性视觉，从而找到了自己视觉的娱乐性。在这里，我要说一句，广告的科学性和艺术性一直被视为经典广告理论的两大基石，但随着网络这个新媒体的出现，广告的娱乐性就变得至关重要，在未来的网络广告世界里，娱乐是广告的基本道德。这些都是现在回想后的梳理和思考，在具体创作的时候只有一束大概模糊的光亮，飞到尽头时才能看到大片的阳光。创作的过程是神秘的，它的秘密有时候连创作者自己都想知道。

子路 —— 这组广告看起来不那么像广告，这种广告性是刻意营造的吗？

小丰 —— 这组广告的特殊性决定了这一点，它的广告性介于传统广告和网络广告之间。它要在竞争对手的传统媒体上让受众对它感兴趣。这也是我个人的特殊性，广告为什么非要像广告呢？广告要和广告保持距离。无论我们多么热爱"广告"这两个字眼，在大多数人心里却首先是排斥。有的人为了让广告像广告而做广告，我则相反。或者说，我更喜欢伪装自己的广告，希望广告不是强迫性阅读，而是不期然的相遇。

子路 —— 记得古龙七种武器中的最后一种是拳头，你的广告并不完全相符吧？

小丰 —— 我反对为了做一个广告而削足适履，但我同样反对死搬硬套。我喜欢似是而非，广告既要熟悉又要陌生，适当的变化本身也是个吸引点，比如你就会想为什么和自己记忆中的不一样，其实如果太一样了，你反而没有了继续探寻下去的欲望。广告是兴趣的艺术，非常微妙。

子路 —— 一种武器一支单稿，再加上一支总括的，这组稿子一共是 8 支稿，和我们常见的系列广告不太一样。

小丰 —— 是的，我把它称作连续广告，而不是系列广告。 就像连续剧和系列剧的区别，连续广告之间的关系更紧密，当然，你单独看其中的几集也没问题。 我们现在许多系列广告其实就是一支稿子，更换个别元素就成了另外几支稿子，换汤不换药也自称为系列稿，我称之为"伪系列"。

子路 —— 连续稿这种形式对媒介发布有什么要求吗?

小丰 —— 熟悉我的人知道我不是第一次使用这种形式，我曾经尝试过把 8 支稿子在同一张报纸上一起发布出来。 连续稿的发布可以是不连续的，你可以把它当成一个整体来看，你也可以把它当成系列稿，一支一支地发布。这组稿子如果在网络上发布，可能性更多，它更符合网络广告动态和纵深的特性。

子路 —— 对于这种网络发布在传统媒体上的广告您有什么建议？

小丰 —— 这组稿子是个擦边球。整个广告的过程，也很擦边。网络这个行业的发展现状和它与其他传统媒体的关系决定了这一点。媒体是不愿意花钱做广告的，作为新媒体的网络也概莫能外。网络和传统媒体的合作是因为彼此需要，但又都三心二意。双方的媒体发布是交换而来的，对方给什么自己就等值交换。这样整个广告的程序就颠倒了，是发布牵着目的走，不是根据自身的需要和目的有一个严整的发布策略和计划，而是有了什么样的媒体可以免费发布再进行广告思考，不可否认，这样节省了成本且能达到部分广告目的，但却解决不了最终的问题。总是依靠擦边球是赢不了比赛的。

子路 —— 您怎么看网络广告的未来？您将来会投身于网络广告吗？

小丰 —— 网络广告的未来？我首先想到的词是坍塌，也就是说我们在传统媒体传统产品广告上形成的经典广告理论面临着一场坍塌，许多广告真理在网络广告面前会成为谬误。因为网络不仅仅是一个媒体，更是一种全新的销售方式，甚至可以说是一种生活方式。一切都改变了，广告业该换个活法。但这同时也是机会，中国广告的机会，因为在传统广告领域，我们落后了欧洲几十年。网络广告来了，重新洗牌，大家又重回到起跑线，起点是同步的，结果也必然是公平的。当然，这不是说，网络广告就和传统广告一刀两断，许多经典广告时代的广告优势，仍会在网络广告市场兴起的初期充分保有，但是它们已经失去核心竞争力了！这同时也是一次

原创的机会，许多广告人离开奥格威不能做创意，未来
的网络广告不认识奥格威，新事物更容易接受新事物，
这从主观和客观上都为中国原创的广告做好了准备。我
的公司也已成立了网络事业部，我当然会深深地投入。

子路 —— 介入网络广告市场，这是广告市场的大势还
是您个人兴趣使然?

小丰 —— 两者都有，但又不全是，应该说，不仅仅是
市场和经营的需要，还有原创的需要。别忘了，我和
我的公司的使命是：原创中国新广告。中国的新广告
就在未来的网络里!

准 封喉剑
ORIGINAL ENTERTAINMENT

娱乐万象
一剑封喉

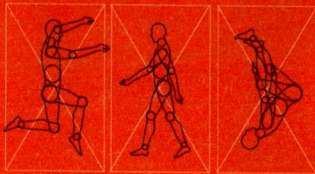

准 直指星闻内幕，娱乐原汁原味

每个人心中都有自己的哈姆雷特，每件星闻的背后却只有一个真相。

新浪娱乐，于万象中寻找真相，一剑封喉，直指星闻内幕。

最早实现明星现场做客互动聊天的专业娱乐网站，日浏览量突破一亿并不断刷新纪录的顶级娱乐品牌，

sina 新浪娱乐
原创中国新娱乐 一切由你开

霸王枪。

ORIGINAL ENTERTAINMENT

独霸娱乐 枪挑天下

独 明星现场专访, 娱乐独霸天下

数百位人气偶像做客新浪, 面对面视频聊天真情互动。
新浪娱乐, 人气巨星独家专访, 王者风范, 独霸娱乐天下。

最早实现明星现场做客互动聊天的专业娱乐网站, 日浏览量突破一亿并不断刷新纪录的顶级娱乐品牌。

sina 新浪娱乐
原创中国新娱乐 一切由你开始

色冠娱乐 **孔雀翎。** 美不胜收

ORIGINAL ENTERTAINMENT

美 华丽视觉盛宴,娱乐星光无限

不同的风景有不同的美丽,每一个明星 都有独特魅力。
新浪娱乐,捕捉明星最美一刻,美不胜收,色冠娱乐天下。

最早实现明星现场做客互动聊天的专业娱乐网站,日浏览量突破一亿并不断刷新纪录的顶级娱乐品牌。

sina 新浪娱乐
原创中国新娱乐 一切由你开

追云箭。
ORIGINAL ENTERTAINMENT

快人一筹　领鲜娱乐

追踪星云变幻,娱乐领鲜一步
追踪娱乐风云变幻,24小时滚动更新持续报道。
新浪娱乐,娱乐快讯抢先播报,快人一筹,领鲜娱乐江湖。
最早实现明星现场做客互动聊天的专业娱乐网站,日浏览量突破一亿并不断刷新纪录的顶级娱乐品牌,

多情轻妇

至情至趣 深度娱乐

至情至趣，娱乐至情至趣

明星完全接触，娱乐至情至趣

深入明星内心情感世界，享受意想不到的娱乐情趣。

新浪娱乐，娱乐内幕完全爆料，至情至趣深度娱乐体验。

最早实现明星现场做客互动聊天的专业娱乐网站，日浏览量突破一亿并不断刷新纪录的顶级娱乐品牌。

ORIGINAL ENTERTAINMENT

乐意横生　娱乐无穷

逍遥乐

送出无限欢乐，娱乐笑傲江湖

在娱乐中体验生活的乐趣，在生活中掌握快乐的秘诀。
新浪娱乐，逍遥自在笑傲江湖，乐意横生，娱乐层出不穷。
最早实现明星现场做客互动聊天的专业娱乐网站，日浏览量突破一亿并不断刷新纪录的顶级娱乐品牌，

专心专致 娱乐绝杀

专 聚焦热点专题,娱乐一网打尽

撒遍娱乐天罗地网,冷血无情,斩尽杀绝,不放过一条漏网之"娱"。
新浪娱乐,聚焦热点娱乐专题,专心专致,绝杀娱乐天下。

最早实现明星现场做客互动聊天的专业网站,日浏览量突破一亿并不断刷新纪录的顶级娱乐品牌。

sina 新浪娱乐
原创中国新娱乐 一切由你开始

对画三

三十岁前不要做

公益广告

新浪公益广告访谈

对话　**小丰**

双方　**子路**

子路 —— 公益广告一直是个特殊的广告类型，也为许多广告新人所喜爱，每年各类的公益广告比赛都会涌现出一些得奖新人，我们能不能说公益广告是广告新人的成长土壤呢？

小丰 —— 恰恰相反，对公益广告的沉迷毁灭了很多所谓的广告新人。有个有趣的现象，就是越是广告新人越觉得公益广告好做，越是广告老鸟越觉得公益广告难做。我们每年公益广告的那些得奖新人，一旦离开公益广告，就变得无比平庸，消失在广告的茫茫人海。之所以这样，还是因为公益广告的特殊性。公益广告被新人热爱，是因为它的限制少，不需要讲解产品，不需要捕捉消费动态，甚至没有效果监控，于是许多广告新人把它当作另一种形式的"飞机稿"。抱着这种想法的广告新人一旦在将来的工作中遇到真正的消费品广告，就会一筹莫展，甚至不如那些"白纸"新人进入得快。只有广告老鸟们才能深切体会到，公益广告所要传播的是人间最稀缺的消费品——爱心，但这个稀缺产品又不是生活必需品，它所受到的限制不是比普通消费品少，而是更多。做一支好的公益广告要调动你的人生经验、日常的生活体味，甚至你的人文修养，那是非常不容易的一件事。我个人甚至认为，三十岁之前的人不适宜做公益广告！

子路 —— 不能完全同意您的看法，毕竟公益广告为众多广告新人提供了展露自己的舞台，并且每年都不乏形式出新的好作品。

小丰 —— 问题就在这里，许多人把公益广告当作舞台，而不是战场——向社会爱心的缺失宣战的地方，因为是舞台，所以就有表演，技巧的表演、形式的表演、创意的表演。但这些都是外在形式上的，我们每年参加那么多公益广告的比赛，真正留得下记忆的作品又有几个呢？为什么我们的公益广告很容易在国际上拿奖，但消费品广告屡战屡败呢？对于一个创意人来说，技巧只是基础课，更没必要通过公益广告来获得。

子路——新浪的公益广告背后是否也有着商业的考虑，在实际创作中怎么来平衡公益和商业这两者的关系？

小丰——一个人绝对富有了，才有资格有心情做慈善；一个企业十分强大了，才有资格有财力做公益。公益和商业并不矛盾，我们的许多公益也需要商业的推动。当然，任何企业做公益都有附带目的，你可以

说是伪善，但伪善要比不善好。新浪这次公益广告的
目的，还是非常纯粹的，作为一个前卫的行业，它希望
能倡导一些与国际同步的传统精神和美德，我认为这是
互联网这个行业很重要的一个觉醒，它在拼命地奔向未
来的道路上终于有了寻找传统精神的渴望。无论是否
具有商业色彩的公益广告，都应该着重于公益，没有了
公益性，商业性也不成立，这两点不用刻意去平衡。

子路 —— 为什么选取一些我们并不是很熟悉的国际节
日作为广告的内容呢？

小丰 —— 这些节日我们是知道的，但又常常忘记，这
就像我们的爱心，人皆有爱心，但人人都健忘，提醒
这些节日也就是提醒爱心。前面说过，作为未来行业，
新浪希望寻找一些和国际同步的传统精神，于是我们从
一些国际性节日入手（而非传统节日），再在这些节日
中挖掘传统精神，也就是说要用中国人熟悉的内容和方

式，在传统精神和国际节日之间架一座观念的桥梁，这
里说的传统精神并不特指中国的，而是人类普遍共通的
一些传统精神和美德。但在创意上，我并不想正面去
表述这些东西，灌输一些意识形态和观念是中国公益广
告的一大弊病，不刻意灌输，而是要选取意想不到的角
度直接进入人心，让受众在心灵的震颤上感受到这些
观念。

子路 —— 朱自清、吴天明、猫王、丽江的候鸟、反腐
的女记者，甚至是人体炸弹，都让我们感到这组公益广
告离我们很近，是什么把他们统一在一起的？或者说他
们整体想表达什么？

小丰 —— 是人文精神把他们牢牢地黏合在一起的。我
们经常看到名人做的公益广告，但这种广告是只有名人
没有人文的，名人只是主题、口号的道具。其实名人
是离大多数人比较远的，他们虽然有一定的号召力，但

未必会让人觉得可信。关键是名人要怎么运用，不能只是摆设。这组广告里我也借用了一些名人，但我把关注点放在他们不为常人所知的另一面，也就是他们普通、平凡、更生动鲜活的一面，比如朱自清的《背影》中"父亲"的形象感动了无数人，带给我们审美上的愉悦，但我们却忽略了他也是一名普通的"父亲"，在父亲节这个特殊的节日，我们是否也应该给他一些祝福？再比如说猫王，大家只记得他的吉他和凯迪拉克，却忘记了他也是毒品的牺牲者。在这里，名人被还原成了"人"，他们也像我们一样平凡，会犯不该犯的错误，你甚至会同情他们，这样就不再是有距离的沟通，而是感同身受的理解。除了还原名人，我们还要发现凡人，比如几十万平凡丽江人为候鸟所做的牺牲，比如一名女记者用钢笔揭露的惊天罪恶。从伟大中找到平凡，从平凡中发现伟大，众生平等，切勿把公益广告当成教育。

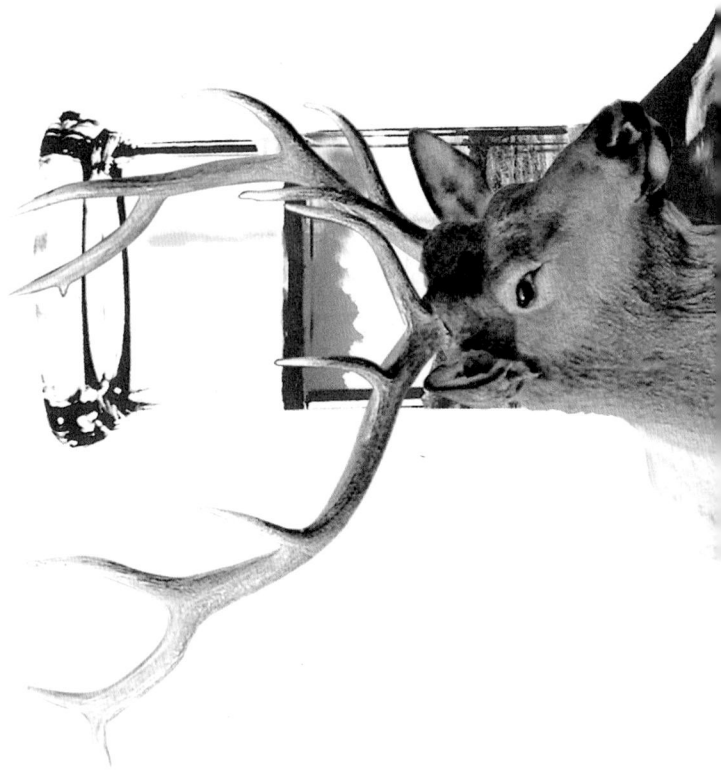

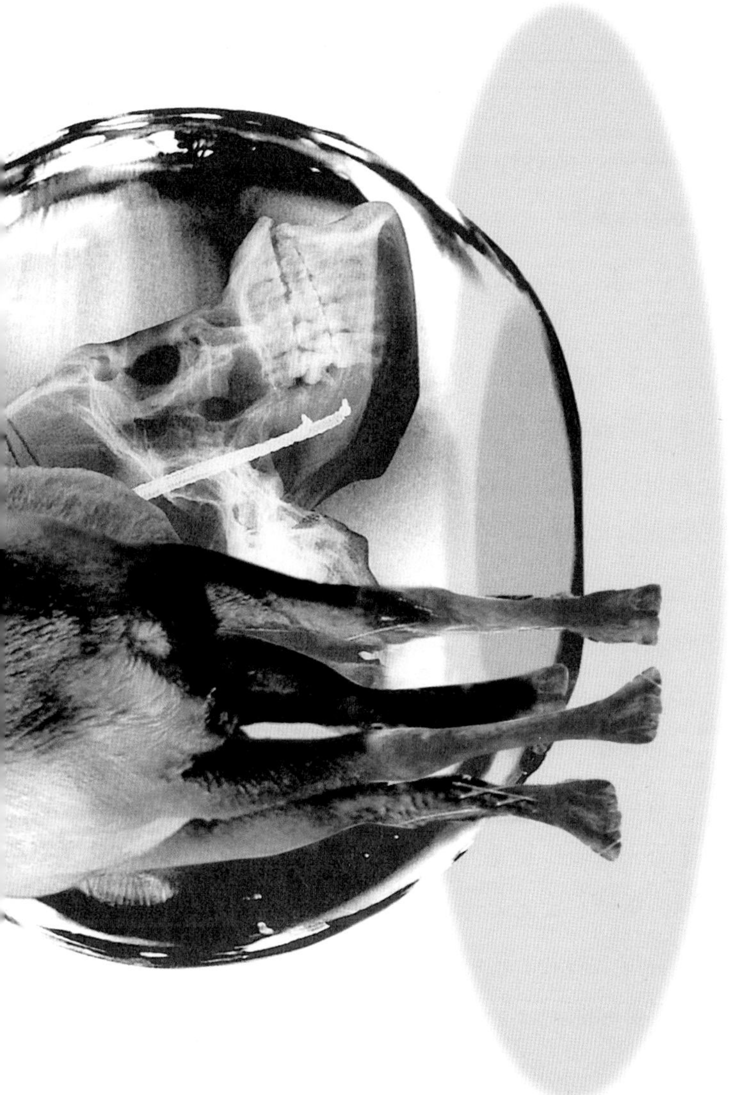

子路 —— 人体炸弹那一篇给了我极大的震撼，这种力量来自哪里？

小丰 —— 这是悲剧的力量，尤其当这种悲剧是真实的，发生在我们的身边时，就尤其令人震撼。当然，看一篇新闻报道你感受不到这种震撼，这还需要创作者对这个悲剧有深刻的认识和强烈的表达。比悲剧更悲哀的是麻木，千万不要去煽情，用最正常最冷静的笔触去描写会更给心灵以刺痛，人体炸弹的制造者是母亲，如果以劳动时间来计算，恐怕这是世界上最奢侈最昂贵的炸弹，这就是战争的荒谬，是对生命最彻底的践踏，但你不要去谴责，要把谴责留在看到这则广告的每个人的心里。公益广告常常追求震撼，但千万不要流于视觉的震撼、文字的震撼这些外在的东西，震撼心灵需要你首先震撼自己，公益广告其实是广告自己的爱心，创作者的爱心是检验一则公益广告的重要标准。

子路 —— 公益广告最检验广告人的爱心，我同意这点。

小丰 —— 不只是爱心，还有公德心。那些把公益广告作为表演舞台的广告人，需要三思。

子路 —— 您认为我们的公益广告和欧美的公益广告差距在哪里？

小丰 —— 贝纳通的《心跳篇》并不是一则公益广告，但很多人把它视为最好的公益广告。可见，爱心在则公益在，无所谓广告的初衷和形式。我们的广告人或许缺少点真诚和爱心，连公益广告这块净土都变成了"飞机场"，成为某些人追名逐利的砝码。所有的技术差距都可以弥补，但心灵的贫乏无可救药。

子路 —— 那么怎么解决这一问题？您认为怎么提高中

国公益广告的水平？

小丰 —— 就像孔子在乱世讲礼一样不合时宜，在中国广告的乱世，我们如何呼唤广告人的真诚和爱心？但总要有人去讲，也要有人呼唤。另外，希望我们能少搞些所谓的公益广告比赛，减少些公益广告上的功利负累。广告制造了那么多虚假，总需要留一块空白自我赎罪；广告人玩弄了那么多价值游戏，总需要留一个窗口释放真诚和爱心。

对画四

新浪公益广告访谈

对话　小丰
双方　子路

文学与广告的
互文实验

子路 ——"越界"是当下中国艺术界提及频率越来越高的一个词，广告创作也深受其影响，广告也需要"越界"吗？作为广告人，我们该怎么看待这个现象？

小丰 ——我更喜欢"互文"这个词，"越界"背后无论是怎样的理论体系和思想背景，它的通行含义是：模糊界限，打破界限，既可能是不同艺术形式的也可能是不同思想的。但它的问题是只打破，不建设。越界是过程，是动作，但不是结果，越界之后怎么办？没有答案。我的回答是，越界之后要互文，就像嫁接之后要共生，这样才可以产生一个全新的生命体。艺术思潮和广告一直有"共振"现象，但艺术常常是自觉地进行着自己的运动，广告是被影响者，是跟随者。

子路 ——"越界"和"互文"都是比较抽象的理论概念，能否具体形象地来说明二者的不同？

小丰 —— 波普艺术就是越界艺术，它打破了许多界限又重新拼凑，但没有共生互文，这也是整个后现代主义艺术的困境——消解和越界之后怎么办？消解本身成了目的。我们看到中国的一些油画家一遍又一遍地用西方油画的手段和波普的艺术形式来包装中国的文化符号，这就越了中西之界吗？其实这是一种"拿来"的越界。这就是艺术吗？具体到广告，比如 flash 广告就是一个越界的新媒介形式，它打破了平面广告和电视广告的一些天然的界限，但绝不是我们把一幅幅静止的漫画 TVC 化就可以了，不能幼稚越界，为越界而越界。

我们看过很多像《英国病人》那样的伪诗意电影，这

种电影其实也是一种幼稚越界，如果你去看看帕拉
杰诺夫的《石榴的颜色》就会看到互文，看到共生，
诗、散文、戏剧、舞蹈、电影完全生长在一起，没有
任何打破和拼凑的痕迹。它们已经互为文理，生死同
源。在那里没有界限也无所谓打破界限。我们有许
多广告创意也是简单地借鉴西方，拼凑西方，虽然用
的是东方素材、中国元素，但界限没有消除。希望我
们的广告能少些简单越界的艺术。

子路 —— 怎么才能做到从越界到互文呢？

小丰 —— 越界和互文的根本区别是有没有扎根于自己
的母体。许多人的越界，已经跳出三界外了，把自己
的母体文化都丢了。当然，有更多的越界者根本没有
进入自己的文化母体，根本就还在界外。中国艺术家
真正获得国际认可的并不多，但凡获得认可的都是找
到了自己的酵母的。比如徐冰之于中国的汉字和书法，

蔡国忠之于中国的烟花，三宅一生之于日本的歌舞伎。如果从时间上说，20 世纪 80 年代的中国艺术家更多的是在越界，那么 90 年代到今天则出现了更多的互文。广告尤其如此，港台的广告经过外国 CD 当家的年代才慢慢产生了许舜英和孙大伟，内地的广告也在慢慢产生自己的广告"作者"。

子路 —— 那么您的广告创作依存的母体形式是什么呢？

小丰 —— 文学，从形式到内容的文学。我一直在试图恢复广告的文学性，注意！不是嫁接或增添，因为我认为广告最初就是一种文学，就像《诗经》来自民间田埂的吟唱，广告也来自大街小巷的吆喝，《诗经》可以是文学，广告为什么不能是呢？现代广告文学性的丧失源于三大阉割力，一个是广告赤裸的功利化，没有任何技术含量的职业叫喊正大行其道。另一个是读图时代对图像的过分推崇，我不反对没有文字的广告，但我反对没有文学性的广告。设计或图像也有其文学性，当图像成为纯信息载体，那么图像的丰富可能性也被阉割了。最后一个是广告人的自我阉割，自我阉割表现为以获奖广告的思维来指导实践，而不是从自己的广告母体向外生发变异。西方的艺术和广告较之东方是理性的，生硬地模仿和照搬其实是一种伪创造，这种伪创造阉割了所有真正的艺术灵性，文学性只是其中一部分。

子路 —— 中国书法和烟花是我们独一无二的，所以造就了徐冰、蔡国忠，可文学并不是中国唯一的，它作为文化母体形式的依据何在？

小丰 —— 它是唯一的，汉语的文学是唯一的，因为它是用汉语写的。其实也不在于你所找到的母体形式是不是本民族的、唯一的，而在于你有没有摸到它的根，是自内而外的一种生发，在生长中越界，在生长中遇到另外的生命体再一起生长，而不是自外而外的越界。我试图摸到它的根，但我首先做的是形式上的恢复，广告这个文体本身已经被固化僵化了，我在实验，实验汉语文学和广告文体这一外来形式之间的互文，当然也是中与西的互文。

子路 —— 能否举一些具体的广告案例呢？您的实验有哪些？

小丰 —— 理论表明你是不是在一个自觉的状态。实践总是前置的，我也是在自己不断的实践中慢慢捉摸到一些理论，一些规律。我进行的第一个实验是在一个叫《新起点》的楼书写作中，我在其中加入了小剧场话剧的元素，把产品的一些物理空间转化为一种戏剧情境，比如它有多部电梯——这是商务楼盘的重要卖点，但我把它当成一个戏剧场景来写——一个年轻白领每天都猜测究竟在哪部电梯上才能偶遇自己心仪的女孩。有些文字的叙述也借鉴了台词对白式的写法。

所谓文学与广告的互文，其中一个重要的主旨是令功利性物理性的广告鲜活起来，也就是挽救文学向广告文案转化中丧失的那部分。美林·香槟小镇的《圣经》三部曲具有史诗的规制，它融合了游记（《7天·创镇纪》）、寓言（《7宗醉》）、训诫（《HOUSE·十诫》）等史诗中含有的文学形式，这是一个很充分的实验，前所未有地把各种文学体裁植入广告文案中。另外比较重要的一点是，这个实验改变了我们传统系列报广文案的长度，让越来越精简的广告文案突然有了文学性的长度，我希望把广告的受众变成读者，重新找到阅读的快感。严格地说，它不是一个系列广告，而是一个连续广告，也就是说三部曲共28支广告才构成了一支完整的广告，它所做的突破和探索大大冲击了我们对传统广告形式的认识，以至于我们现在的广告标准都不能容纳它。

各广告节及奖项都规定系列稿最多不超过 4 支，我被要求把这组稿子分成 7 组不同的稿子来参赛。这是荒诞的，但也很好玩儿，这说明我的互文实验真正越界了！古龙的"七种武器"被我放进了新浪娱乐频道的广告里，在新浪的另一组广告（公益广告）里我采用了报告文学的形式与写法，科幻小说式的情节出现在《东方夏威夷》的报广里，万科西山庭院的"八大山人"其实是 8 个人的人文传记，古典宋词的意境和现代诗的笔触在《颐园·碧水云天》的广告里相遇，"ZAMA·咱们"甚至实验了"短信文学"这种新文体，还有北京香颂对歌词的借鉴，等等。文学对广告文案的进入扩大了后者的内涵和外延，我看到了广告模糊的新生命。关于这些，我在《小丰现代汉语广告语法辞典》里也有一定的表述，如"广告人每天都要和故事恋爱"等，其实，广告人也一定要学会和文学恋爱。

子路 —— 您前面说过，这是一个读图时代。换句话说，这个时代不是文学的时代，那么这样倡导广告的文学性是否有些不合时宜，在没有人能静下心来读文字的时代，这样的实验是否能达到广告的目的，是否背离了广告的本质？

小丰 —— 我是这样理解读图时代的：读图不是说我们不需要文字了，而是我们需要更少的文字来代替以前很多的文字。至少在中国，图字一向是一体化的，是互文的，中国的文人画总少不了文字或者书法写下的文字，这些文字是画面的有机部分，是整个作品美感结构的自我需求，中国的"图审美"离不开"字审美"或者"文审美"。这种根深蒂固的审美倾向不会因为读图时代的到来而有根本性改变。这也可看作互文的一个操作层面的东西，不是图大或字多的问题，而是两者能否达成互文的关系。我们常常发现，没有文案的好广告作品，其实传达了最清晰明了的文案语句，是你一看到画面就有一句话或一个词呼之欲出的；而没有图画的好广告作品往往文字本身就是图画，书法就是这样的，许多借鉴了书法艺术的广告作品也是这样的。

我一直在强调设计的"文学性"，设计或画面不应该是一个物品的物理记录，而应该是精神扫描，应该掌握每个物品的性格特征和前世今生。广告的目的是什么？"看得到"是一种普遍追求的广告目的，但我认为"读进去"才是一个好广告的真正目的，这个读不是指文案，而是说广告对人心的深入。读图时代让我们学会了抓眼球，却忽略了消费者的其他感官，读图时代让我们越来越表面化、浮躁化。一个图画没有可深入的内容，也就只是"看得到"而已，没有人可以"读进去"。没有人能静下心来读文字的广告时代，是因为我们缺少可以让人读得下去的广告，读进去才是我们的广告主旨，很多广告都不得要领，背道而驰。

子路 —— 前卫的广告实验究竟对广告主的意义有多大？这种实验的实际效果如何？毕竟广告主的广告费安

全第一。

小丰 —— 从某种程度上说，创意是在强化产品和信息的辨识度，我想再进一步，在辨识之后还要可读。这是纵向的实验。我们的广告史经历了一个很长时期的横向实验阶段，其实不是什么真正的实验，更多的是向国外的广告进行借鉴，是对别的艺术形式的吸收，现在我们需要纵向的实验，纵向的实验才是中国本土广告自己真正的实验，中国广告正处在横向与纵向发展的坐标点上，这种实验无论对广告人还是广告主都是必需的。广告的本质是超前的，只有超前的才有引领性、关注度和新鲜感，安全的、保守的广告创意才是在用广告主的钱冒险！我想大家认为好创意是冒险，是因为广告的大众消费属性。但在很多时候，我们对大众消费进行了很多主观臆想，还有我们那些针对大众消费的市场调查，其实只是一种更科学和理性的臆想而已。接受调查和进行消费是不同的两个过程，前者是理性的，后者是感性的，不一样的性质怎么能互为因果？我不反对市场调查和创意测评，但我反对把这些拔高到唯一的标准。喜新厌旧是大众消费的本质之一，安全的创意往往是旧创意，反而是最不安全的。

我的实验至少创造了差异性，实际执行的效果也和大家的臆想大不相同。只有付出了真正有智慧含量的东西，只有那些真正与众不同的创意，才能让广告预算的价值最大化，才能给产品带来高附加值。实验和效果不是对立的，至少我的实验事实这样告诉我。中华民族是崇尚中庸的民族，几千年的民族意识和广告主的集体无意识，构成了一张巨大的牢不可破的网，我要做这张大网的漏网之鱼。

子路 —— 我们再回到互文上来。互文和个人风格是什么关系？从市场的实效角度来看，广告需要个人风格吗？

小丰 —— 让我们回到 16 世纪，那时候的欧洲也在讨论作者风格和作品风格的问题。首先，风格是必需的，无论是作者还是作品。2006 年获得诺贝尔文学奖的作家帕慕克有一部作品《我的名字叫红》，便反映了细密画创作的这种冲突。传统的细密画大师认为：风格是个人的瑕疵。我的理解是：风格是个人的实验史。互文则是实验的一种方式，它产生作者风格也产生作品风格。广告虽然不是纯艺术，但我认为它像艺术一样，需要作者风格也需要作品风格。只有作品风格的广告作者是短暂的，这类广告作者其实不具备个人风格的能力，只会一种风格的广告作者我也归入此列。

单一风格的作者一直都在重复一种作品风格，而不具备个人风格（当然，少数天才例外）。个人风格和作品风格都是在实验过程中逐渐形成的，是多种风格的统一而非一种风格到底，我们见过太多一生只重复一种风格的创意人，没有风格的创造力和变形力，就没有真正的个人风格。

广告背后创意人的个人风格和广告的目标没有直接联系，但它却是好创意的源泉，因为每一个好创意本身就是一次实验，都是创意人对自己的突破。多元性是市场的天性，市场需要集合各种个人风格以达到自我的丰富，市场也要求每种风格不停地发展变化以维持活力，这是市场的动态生命的需要，广告也概莫能外。

子路 —— 您的论点有一个混淆，就是广告和艺术的混淆，应该说这是本质不同的两样事物，如果视广告为艺术，消费等同于欣赏，这对以市场为目标的广告是不是一个原则性的错误呢？

小丰 —— 是有一个混淆，我认为需要混淆，当下的广告都太把自己当广告了，不是混淆得太多而是混淆得太少，但关键是怎么混淆。混淆、越界、互文（我们又回到这个主题）是三个不同的文本层次，但三者之间有递进关系。互文是出于形式创新的需要，同时也是广告这个形式的内容需要。传统的广告内容只有一个：传播信息。现代的广告内容除了信息外，还要给消费者的消费过程增加体验。我这样来看广告，它其实就是一个消费行为的美学体验，而不是利益计算，后者的消费行为是痛苦的、丑陋的，广告有使命让消费行为变得愉悦和充满美感，这种伴随着消费行为的消费体验其实就是消费本身的一部分，现代消费者的购买行为不仅仅是要消费这件物品，也同时在消费这个购买过程。消费行为的这个本质性转变被大多数人忽略了，他们仍旧抱着旧的广告观念不放，这才是你说的"原则性错误"，也就是太把"广告"当"广告"——只是通过一些小聪明在传播信息。

谈到欧美和中国的广告差距，我认为技术上和艺术上的差距都容易解决，但有两个差距我们难以逾越：一是广告创作者作为消费者本身的经验差距，你要通过广告来引导和增加消费的体验，但我们的广告创作者本身的消费体验就很少或者层次很低；二是作为市场主体的消费者的体验差距，这决定了我们是个低消费低体验的市场，这个差距也决定了我们的广告面貌。

子路 —— 广告和文学的互文能解决您以上所说的问题吗？这是中国新广告的出路吗？这种实验和探索对我们当下的广告市场的意义又有多大？

小丰 —— 我无法计算我的实验对中国广告的意义，也不想计算，我只知道它们被阅读、被模仿、被议论，也被批判。我更看重这种民间生命力，它们没有像那些获奖广告一样在一年内被遗忘（大部分的获奖广告，在新年度的获奖广告出来后就被彻底遗忘），这说明它们真正来自我们这块土壤，有着这块土壤的自然生命力。广告和文学的互文只是一个方向一个方法的探索和实验，是点的突破，怎么可能解决所有问题，但重要的是要有人坚持这种探索和实验，中国广告的出路首先在于这种本土实验精神的存在，也希望中国的广告市场能够有容纳这种精神的空间，哪怕只是一点点。从没有一个外来的国家和民族能够在文化上征服中国，广告也不可能。我希望能有更多的中国本土创意人回到自己的土壤，重新建构我们的广告，"原创中国新广告"需要整体性的参与，需要每个广告人自我意识的觉醒。从来没有什么救世主，中国新广告的出路归根结底在于中国广告人自己。在这条漫长的路上，会充斥着烈士们的尸体和遗愿，这是我可以预见的结果，虽然如此，但我仍旧要原创到底！

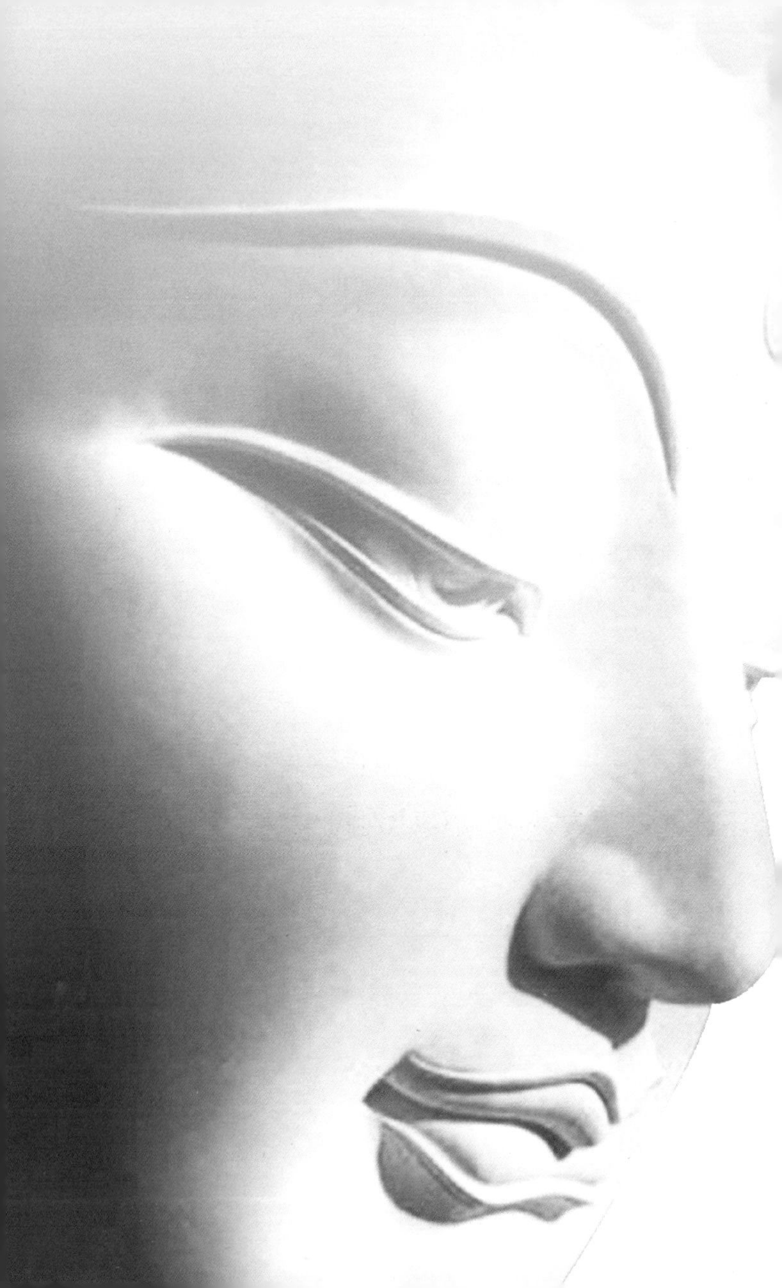

异言堂

我一直是个广告作者。

我一直也只想做个广告作者。

『作者』的出现，标志着一种艺术形式和一个人的成熟。《荷马史诗》是群体创作，莎士比亚才是作者。《诗经》没有作者，只有收集编辑者；《三国演义》体现着群体创作向个体创作的转变；写了《红楼梦》的曹雪芹才是真正的作者。

关于广告作者这个问题，我会在下一本书里专题探讨，不很明白这个概念的可以去查查法国『作者电影』的相关资料。中国的本土广告什么时候能很牛呢？个人认为，这取决于中国广告什么时候能有自己真正的广告作者。

异言一

房地产广告的
数码时代

《沸城·五感》系列广告创作访谈全

-创意篇-
知 性 的 酷
西 式 的 中

对话
人物
丰信东（以下称小丰）：北京世纪瑞博
广告公司董事、总经理、执行创意总监
金鹏远（以下称痛楚）：全景视觉副总
裁、视觉方案提供方
劳博：北京宣亚广告资深文案

劳博 —— 7 宗醉、八大山人、十诫，还有这次的五感，您的创作一直和数字有着不解之缘，这是刻意为之还是偶然？

小丰 —— 数字是自然界与人的巧合，数字创作是我与创作的巧合，从偶然到必然，从无意识到有意识，数字有意无意间成了我个人隐性的风格印记，不过，这次的五感不仅和数字有关，更和数码有关，这是一次房地产广告的数码实验。

劳博 —— 数码摄影在商业广告摄影里是什么样的状况呢？

痛楚 —— 国外的商业广告摄影基本数码化了，这是不可阻挡的趋势，新技术带来新思维，怎样更好地掌握和运用数码摄影是商业广告摄影的新课题。

劳博 —— 为什么采用数码摄影的手段来进行这次的广告作业？

小丰 —— 每个数字都蕴含无数变化，我不希望我的创作一成不变。摄影是最初级也是最高级的广告表现手段，但在大多数房地产广告里，这个手段运用得比较初级，一种是情景摄影，就是在园林、现房、样板间里设计一些情景，然后忠实记录下来。另一种是素材摄影，用摄影来解决素材问题，拍些楼盘实景或人物、道具，再进行后期处理。这两种实践都比较爬行现实主义，没有真正发挥摄影的潜力和魅力，我想做些不一样的探索。

劳博 —— 在当今的房地产广告里，摄影好像并不是主流的表现手段？

痛楚 —— 这个情况跟房地产广告的性质有一定关系，房地产广告作品真正存留媒体的时间相对较短、摄影作业的制作成本高，一般开发商不愿意采用，即使有偶尔采用的项目，也是低成本摄影，如万科的品牌形象稿采用的方式，还是建筑摄影的手法，并不是创作摄影。

劳博 —— 对于项目本身，采用摄影作为表现手段的必要性在哪里？

小丰 —— 我反对很多经典广告理论，但赞同"广告是为了促进销售"这个观念。沸城这组广告的目的非常明确，就是要做形象和质量的提升，为单价和总价都有所提高的新一期产品的销售提供支持，这样我们也势必要提高广告画面本身的质量。另外，有个很现实的问题，就是项目的现场并没有完全呈现，而且也没有样板间，有拍摄的必要性但又没有什么好拍的，在这个微妙的阶段进行摄影激发了我的创作兴趣。

痛楚 —— 房地产广告以往的摄影往往集中在样板间，或楼盘、园林完全呈现以后，用事实说话，这些还是把摄影当作记录来看的。在项目推广的前期，怎么去表达项目的一种概念、态度或是一种生活方式？如果你把摄影当成一种表现而不是纯粹的记录来看，就有无限的可能，这样的摄影，才是创作摄影。

视觉沸城
Energetic City Life

我家的日子

阳光是原点，欣赏
天的温暖明亮，在

TH AMERICA
UL LIFE 日心说
覺
所有资料及数据以政府最终文件为准，不构成双方合同邀约，最终解释权归开发商所有。
景阳光居所
6000元/
83200161/62/63/65/66
沸城
ENERGETIC
CITY LIFE

NORTH AMERICA
JOYFUL LIFE 守恒定律

聽覺

西五环内/奢景阔板/稀贵三居/荣耀登场
83200161/62/63/65/66

ENERGETIC
CITY LIFE

味觉沸城

6000元/㎡ 咖啡
房源1-16

北美生活优选法则 北美成熟生活城

自然界的优选法则，使得世界不断完善，沸城的优选
法则，让生活更加成熟，在沸城，饕餮味着，品味一
座成熟生活家居。 销售许可证·京房售证字·(2000) 582号

西五
8320

NORTH AMERICA
JOYFUL LIFE 优选法则

味觉

阔板/稀贵三居/荣耀登场
/65/66

沸城

ENERGETIC
CITY LIFE.

触觉沸城
Energetic City Life

河与园的引力学 西五环内 自然生活城

风景，可以是林场，也可以是碰场，唯美的引力城，
人谁昇首碧绿色、凝聚而来，雄据这个景观世界，
身在其中、自然只手可及。 销售许可证：京房售证字 (2006) 582号

600
832

一座城

6000元/㎡ 起售均价
（预计售价一个月）

投资商：北京嘉源置业投资有限公司
开发商：北京嘉阔鸿达置业有限公司
建筑/园林设计：德国WSP
规划设计：圣帝国际设计公司（中美合资）

83200161/62/63/65/66

五环路 四环路 三环路 长安街

五棵松 公主坟

沸城出口 京石 高速

岳各庄桥 六里桥

杜家坎桥

★本案

劳博 —— "表现的摄影"，最需要把握的是摄影的风格和调性，这一点怎么定位和执行？ 这套稿子看起来，有点冷，体温有点低，不容易让人感动。 这是刻意的吗？

小丰 —— 这是目标客群决定的，客群的美学决定创作的美学，决定摄影的风格和调性。 在北京的文化地图上，北京的西部客群是一个很特殊的群体。 我们将这次广告的目标客群假想为中关村的中级白领，知性是他们的第一特征，但他们又不像北京东部的小资们那么爱扎堆，喜欢和任何事物都保持适当的距离，他们一样年轻，也追求国际化的生活，但骨子里却有着根深蒂固的中国情结。 他们的生活美学折射到广告思维里，就形成了我们要的风格，我用八个字来总结，那就是："知性的酷""西式的中"。

劳博 —— 那么这次广告摄影行为要表现的主体是谁？

是那五个模特代表的人群吗?

小丰 —— 是空间,确切地说是空间背后的文化,文化才是 Big Idea,技巧都是小玩意儿。对许多房地产项目来说,真正的购买是文化购买、观念购买、认同购买,是反喻,关于房子的基本信息他们自己会主动了解,但是否对这个项目有精神的认同则在潜意识里主导着他们的购买行为。这套稿子是符号化的反喻,我们日常的空间是缺少"五感"的空间,在这种"五感"空间里我们还怀着"红苹果""黄灯笼"般的朦胧希望,挖掘了这些潜意识你才能诉求他的意识。

痛楚 —— 中国的美术是写意的,北京的西部也是写意的。这次创作对摄影的挑战在于,要用摄影这种最具象的手段来写意,要用亚当斯来表现郎静山。创作摄影要求摄影师与广告公司的主创一起来创作,而这一直是中国的艺术摄影师和商业摄影师所忽略的。不了解广告的目的，不清楚客群的审美，是不可能拍出成功的商业摄影作品的。

小丰 —— 快速消费品是感性消费，购房是理性消费。快速消费品需要情感的高温，需要消费者马上决定买还是不买；房子说到底还是理性消费品，说服的方式不一样，需要全面地说服，需要圈层、文化、价值甚至观念的认同。

痛楚 —— 快速消费品的拍摄需要拍感觉，但比较集中和简单，抓住一种感觉就够了，房地产广告的拍摄内涵和外延都要大得多，比如这套创作就拍了五种感觉，五种感觉背后是五种生活哲学。 房地产广告给商业摄影留下了很大的创作空间。

**– 执行篇 –
符号的反喻
细节的生命**

对话
人物

张庆榕：北京世纪瑞博广告公司设计总监
郭　影：北京世纪瑞博广告公司文案总监
金鹏远（痛楚）：全景视觉副总裁、视觉方案提供方
劳　博：北京宣亚广告资深文案

劳博 —— 作为具体的创意执行人，二位对这个创意是怎么理解的？

张庆榕 —— 沸城五感是个非常纯粹的有高度的创意点。五感是人类对世界感官体验最本质最根源的，对空间、时间、颜色、味道等一切的感觉都来自五感，婴儿出生时就从母亲那儿遗传了触觉基因，通过味觉、听觉、视觉等发现世界是五彩缤纷的。"五感"体现了沸城的五个产品价值，画面统一丰富，五种空间、五种色调、五种情绪、五种氛围、五个世界，文字作为视觉元素与画面成为一体，冲击力十足，加上五种不同的道具穿梭在空间，有着超现实的合理性，也充满

了启发性与未来性。选择摄影来表现这个创意其实是选择了挑战和难度，如果想执行好，前期的密切沟通非常重要，我们也正是这样做的。

郭影 —— 在现场拍摄之前，我们进行了充分的讨论，把我们要表达的思想彻底固定下来。这是一种符号化的表达式摄影，我们借鉴了许多小剧场话剧的表现手段来构筑场景。我们用模特的体态和动作来象征化地表达"五感"，用各种道具表达背后的生活哲学。大家可以看到，每支广告中除了模特，都有一种具象的对象作为道具。比如《感觉篇》中的表盘、《触觉篇》中的苹果、《听觉篇》中的石头，用表盘来体现相对论，用苹果来影射万有引力学说，用石头来表现守恒定律，每个感官表象都与一种现存的理论学说有所联系，在增加趣味性的同时又使广告不乏厚重感。每个道具的选取都非常困难，因为既要表达一种理念，还要便于拍摄，另外更要注意五支系列稿的统一，还好我们终于找到了。这让我意识到，从文案到真正的画面实现还有一段漫长的路要走。

痛楚 —— 从创意到拍摄完成到后期，一共也就一周的时间，沟通就变得无处不在，商业摄影常常把自己摆在一个机械的执行角色，我一直强调用摄影机进行创作，没有这种贴身密切的互动，这个工作就是一个"不可能完成的任务"。

劳博 —— 我注意到画面里人物的服装都比较随意，是特意要追求这种风格吗？

痛楚 —— 这个"随意"也是来自项目和创意的要求，因为这是一个北美风格的项目，而北美的服装则是非常随意的，随意也就意味着缺少特点，好在这里的服装不是主角，只是起着一些风格暗示的作用。但服装永远是拍摄时最重要的细节，如果不是时间紧迫还可

以做得更到位一些。

张庆榕 —— 抓执行就是抓细节，比如石头这个道具在拍摄中遇到了问题，拍下来后缺少一种"灵气且有生命"的感觉，但怎么让一块冷冰冰的石头"活"起来呢？后来我们先在石头上喷水，然后再拍，终于找到了"灵气"。

劳博 —— 这次的创意拍摄也有不少遗憾吧？

痛楚 —— 摄影和电影一样都是遗憾的艺术。人物的发型多少有遗憾，后期做了一些修补工作，另外还有人物的队列也是现场即兴调度的，如果之前的讨论更充分，就可以做得更好。

- 行业篇 -
原创的性格
摄影的眼界

劳博 —— 摄影手法一定能给房地产广告带来良好的广告效果吗?

小丰 —— 中国的房地产广告经历了三个阶段的转变。第一个转变，是产品策划到广告包装的转变。像早期的现代城 SOHO，干脆就是卖了一个独有的概念，还有的只是卖产品的一个独特属性。后来大家的建筑风格逐渐相似，各种建筑功能同质化严重，项目的差异化只能更多地依赖广告包装。

第二个转变，是信息广告到印象广告的转变。一开始，大家都注重项目信息的炫耀和比较，后来发现大家的功能信息差不多，消费者也越来越理性，这就需要挖掘这些物理功能之上的东西，精神的内容就转化为广告的印象。还有现在的媒体越来越多元庞杂，干扰很大，广告的第一目标就是从这些杂音的污染里跳出来，先要给人以鲜明的印象，尤其是报广杂志类的广告，越来越向印象和形象转变。

第三个转变，是单一执行到多元表现的转变。从效果图的频繁使用，从纯粹设计的角度，到插画、摄影手法的开始尝试，地产广告经历那么多年的发展，需要更多的突破尝试。

房地产广告的自身发展要求更多的尝试，摄影这种非常重要的广告表现手段势必会越来越多地被使用，摄影与广告的更多可能性将在这种碰撞中生发出来。任何表现手段都在于怎么应用，不能简单地说某种表现手段就一定能达到某种广告效果。《沸城·五感》只是一次个案的尝试而已。

劳博 —— 商业摄影在国外的广告表现中已成为一种主

流的表现手段，但在中国的广告表现中尚无同样的表现，除了广告主的执行意识不够外，是否与中国商业摄影本身不够成熟有关？

痛楚 —— 中西方摄影的差距比较大，比设计行业和西方的差距还要大。原因在于，设计行业在软件和硬件上都具备了和国际接轨的可能，国际上最新最快的技术和理念，通过网络马上就能到达我们的眼中。而商业摄影行业远未成为一个行业，更多人是在艺术摄影中探索，也许有些人溜达着，就到商业摄影的领域中来了，也是运气或者生存需要。

目前的情况是，商业摄影师对客户需求、广告公司的创意出发点以及对图像的要求没有一个统一的认识，大家只能从自己的理解去翻拍广告公司的设计稿，这样就会导致广告创意画面和摄影的脱节。而实际上，广告公司和客户都需要我们摄影师提供视觉解决方案，目前大多数商业摄影师只能提供技术支持，没有理念支持。

商业摄影在国际上已经比较成熟，我们由于发展时间短，客户和摄影师都没有做好准备。

小丰 —— 设计没有技术壁垒，摄影有。眼界和意识形态决定你的作业高度，摄影艺术家不等于商业摄影师。另外，图库化是一个讨厌的现象：大家都认为图片能解决所有问题，结果现在连摄影师们也有强烈的图库化思维倾向，只提供素材式的半成品，认为剩下的都是你自己的事。房地产广告是残酷广告，一个广告出去，电话量、有效电话量立刻就有反馈，商业摄影如果经不起这种残酷考验，那就永远进入不了房地产广告的主流市场。

劳博 —— 图片的使用已不能满足房地产创意的要求，从使用图片到使用商业摄影师的转变是必然的吗？

小丰 —— 我们需要的是视觉解决方案，不是图片也不是摄影,这需要和摄影师的创作互动,需要双方全程贴身互动的合作,换句话说,如果把这样的创作型摄影师比作一个产品,那么现在的状况是:市场需要这种产品,而这种产品目前还没有被批量生产出来。其实中国的许多艺术摄影也是伪艺术摄影,观念摄影和题材摄影都只是借助一些天然的东西在玩而已,既没有触摸到艺术的本质也没抓住摄影的灵魂,我们的摄影师缺少完整的商业意识,我们也缺少一个完整的商业摄影行业。

痛楚 —— 完整的商业摄影师,要提供视觉解决方案,不是记录素材,也不是翻拍草稿。其实,现在摄影上的技术壁垒也并不是特别大,主要还是摄影师的眼界和思想不够。

劳博 —— 目前在国内,哪个行业的商业摄影比较完善?

痛楚 —— 时尚行业，服装、珠宝等，汽车也频繁使用商业摄影。 总的来说，商业摄影距离形成一个行业，还有一段路要走。

劳博 —— 怎样理解创意、摄影与销售的关系？

痛楚 —— 当创意和摄影帮助了销售，销售才会对创意和摄影有反要求。 中国也有一些客户对创意和图片的质量都有严格的要求。 这说明好创意一旦带动销售，反过来客户也会重视创意，重视你的画面质量，我希望这是一个良性循环，直至优秀的创意和图片能够推动一个行业的审美判断力。 房地产广告有一个可以量化的标准，那就是电话量，我觉得这对商业摄影是一个很好的考验和机会。

劳博 —— 现在无论是房地产广告还是商业摄影都有很强烈的西化倾向，你们怎么看待这种现象？

小丰 —— 这个说法我不太同意。中国目前比较原创的广告都出现在地产广告领域，这是这个市场的特殊性决定的。人类历史上从来没有，任何一个国家也从来没有这种现象，即同时有几亿人都要购买同一个商品——住房。欧美国家甚至印度的土地都是私有的，不可能大规模开发，也不可能形成中国现阶段这种巨大的房地产市场。这个市场是前所未有的，这也决定了房地产广告是没什么传统的，这要求你必须原创，必须走自己的路，但确实有些楼盘一味地把西方的生活方式拿来做噱头。

痛楚 —— 我也同意地产广告比较"原创"这个说法，但目前中国比较原创的广告都比较文字化，这些稿子得不到国际承认，因为有语言障碍（这就如同房地产广告在广告奖上的命运），东方式的视觉除了一些纯设计大师得到了世界性认可，摄影方面尚没有。许多获奖的"飞机稿"从思维方式到表现手法都是非常西化的，但千万不要把它们当成我们创意和摄影的追求方向。 这次《沸城·五感》的创意摄影也是本着原创思想的一次尝试。

劳博 —— 那么怎样才能做出东方式的创意和摄影呢?

小丰 —— 先要提倡一种原创的性格，另外要先有人走出来，其他人才会跟着走，整体的广告环境和话语短时间内很难改变，我只能从我做起。

痛楚 —— 我们想从最基础的做起，去好好拍一下老祖宗留下来的视觉元素，如重拍长城、敦煌什么的，先从素材开始，一切从头再来。

异言二

新八大山人：
西山庭院的中国式理想

对话　曹建强（以下称老曹）：北京世纪瑞博广告公司总经理
人物　丰信东（以下称小丰）：北京世纪瑞博广告公司董事、
　　　总经理、执行创意总监

　　"人文地产"是当下中国房地产一个曝光率较高的词，各大开发商言必称"人文地产"，各广告公司也言必称"人文地产广告"。万科一直是"人文地产"的倡导者，万科西山庭院则是其最具人文气质的代表性项目，其推出的"新八大山人"系列广告引发了"人文地产"及"人文地产广告"的种种关注和议论。为此，我们对西山庭院"新八大山人"系列广告的创想者进行了访谈，剖析其创作历程，深度探讨"人文地产"最大的精神表征——"人文地产广告"这一热点话题。

人·文
人 文
伪人文

"要认识人文地产广告，就不能
不先认清伪人文地产广告"

小丰 —— 中国当下真正的"人文地产"很少，真正的"人文地产广告"更是少之又少，许多人文地产只是在借"人文"的名义作秀，许多"人文地产广告"也只是在摆一种叫"人文"的pose，中国当下的房地产圈"人文"的分贝很大，含量很小。

那么什么是真正的"人文"呢？顾名思义，一为"人"，就是对人的关注，对人的重视，就是从过程到目的真正的以人为本；一为"文"，其实还是对人的关注，但要把人放在文明和文化的高度来审视、来表达。

所谓"伪人文地产广告"也有两个表征，一是

"人"的物理化、道具化、简单化。许多房地产广告都会出现"人"，但请注意，这里的人只是广告的道具，只是功能的奴隶，只是某种品位或时尚流行的标签，我们看不到他们当下的状态处境和思想欲念。回避当下也就回避了人，无论你用文化做了多么厚的一层茧，没有对当下的人的关注，这层茧就是空心的。越是"伪人文"的地产广告越爱用"人"来做表现和表述，从而来掩饰其对当下、对人的关怀的缺失。二是貌似很文化、很文明、很文艺。以生涩的用词、玄虚的哲理、理性的口号摆出一副高高在上的 pose，人为刻意地营造距离感、模糊感、陌生感。还有一些广告把"人文"的"文"片面地理解成了"文脉"，遇到任何项目都要挖地三尺找文脉，一块破石头非追溯为古砚，一片烂玻璃非要升华为水晶，这样的"伪人文"广告看第一眼也许你会被吓住，看多了也就识破了！应该说，"新八大山人"的创意正是从避免"伪人文"的种种表现——"去伪存真"开始的！

> 物理地标
> 精神地标
> 文化图腾

"人文地产广告要有
人文地产做支撑"

老曹 —— 不是所有的广告都要一味"人文"的！西山庭院之所以推出人文广告是基于西山特殊的群体。

北京西部人群一直是一个特殊的群体。这个客群集中，并呈现出明显的精神偏好。即这是一个中年群体，有良好的教育背景，所在行业都有高知特点，他们在所从事的行业中都是佼佼者，就是大家艳羡的所谓的"成功者"。人们习惯将这个代表中国当下人文知识分子的庞大群体，称为"理想中年"。

对这个群体来说，建筑质量固然是选择产品的一个重要标准，但在物理层面之外，他们更关注项目的软性质量，比如品牌、山水文脉、庭院文化、邻里关系、生活氛围等，他们更注重居住的品位和感受，从而呈现出独特的特点。

作为专业的地产品牌，万科善于探讨消费者的内心，然后对消费者的精神追求和人文取向进行解构，再将诸如人文的东西在产品上逐一体现。西山庭院就是万科根植于"理想中年"这个特殊的客群和他们的精神偏好来做的一个西区项目，它遵循万科一贯严谨的专业态度，将人文取向和精神追求在产品上很好地呈现出来，使之成为西区一个重要的物理地标。

万科深刻的市场研究，准确的产品定位，吸引了目标客户——"理想中年"的到来，而这个群体的到来又加强了项目的人文特征，于是，在产品和消费者之间就形成了一个良性的互动，让西山庭院当之无愧地成为西部居住区的一个人文地标。

这样的背景，对产品的广告推广提出了更高的要求，传统的硬功能宣传显然已经不能适应这个群体的需求，当然也打动不了他们日渐挑剔的品位，一种新的思路必须出现，来替代表层的探讨，这种新的思路就是人文广告。只有人文精神，才能把项目的深厚内蕴准确地体现出来，使它成为一种文化图腾、一个精神地标、一个居住的文化标签，并以此感召更多的同类人群。

中国式理想

中国式性格

中国式生存

"其实无论人文地产广告还是
人文地产，都要从人谈起"

老曹 —— 探讨西山庭院"新八大山人"系列的广告创作，不能背离其根植的西区市场和消费客户。

　　中国知识分子是一个很尴尬的群体，在社会阶层中一直扮演着精英的角色，但实际上，这个群体一直受到主流化意识的排斥。这样的角色错位，造成了他们既出世又入世的悖论状态，在出世和入世间游移不定，艰难地寻找平衡点，朱耷就是最典型、最戏剧化的代表。

　　很少人能够成功地寻找到平衡点，更多的人往往走了两个极端：要么极端出世，真的成了纯粹的隐士；要么特别入世，人文变成了入世的手段。

　　社会不断进步，也更加包容。从朱耷到现在西山的业主，虽然生活有了很大的改变，包括居住的状态和条件，但他们扮演的社会角色依然尴尬。

　　他们一方面在入世，渴望拥有成功的事业和名望，渴望得到公众世界的认可；一方面也在出世，希望回归家庭，能够拥有自我理想的世界，追寻高山流水、桃花源般的世外意境。正是中国知识分子的这种尴尬现状促成了西山庭院对这个群体的探讨和思考。

在这样的背景下，根植人文沃土的"新八大山人"系列的诞生就有一定的必然性。社会永远在前进，"人"的精神追求一定会受到建筑越来越多的关注，但无疑，西山庭院前行了一步，哪怕只是一小步。

<table>
<tr><td>八　大　山　人
身　份　暗　喻
产　品　物　语</td><td>"八大山人，是一个人，不是八个人！新八大山人，是八个人，不是一个人！"</td></tr>
</table>

小丰——这是人们的一个小误区！"新八大山人"系列就是从这个有趣的错误开始的。

很多人都有一种错觉，想当然地认为八大山人是八个人。一个有趣的错误成为"新八大山人"广告创作的发想点，在产品表现上延展出八个不同的层面。"八大山人"是一个人，俗家姓朱，名耷，1626—1705年，江西南昌人，明宗室弋阳王裔孙。明亡后出家为僧，法名传綮，字雪个，号个山，别号个山驴、驴屋等，最后号八大山人，遂以此名于世，"八大山人"工诗文书法，他绘画，花鸟、山水俱能，尤以画鸟为长，而山水更别具一格。

朱耷是一个人文符号，是"理想中年"这个群体身上烙刻下的中国式性格最明显的代表。

新八大山人，不是一个人，是八类现代名士。西山庭院以谐音的方式寻找到八个情趣各异的人物形象，来代言八个产品功能点、八重人生境界、八种人文情怀、八种隐身富贵的生活哲学。他们身上烙刻着中国文人最闪光的东西，更重要的是，他们在对应客群心理特点的同时更对应了产品的八大居住价值，在推广上达到产品外在硬功能和内在人文灵魂的契合，同时也保证了"人文广告"的严肃性和严谨性。

新八大山人之一

不知姓字名谁，只知此人恋"西"，东南北中非西不去；只知此人有"癖"，嗜山，嗜水，嗜园，嗜院成癖，甘愿与西山厮守终生，做一名当代"徐遐客"是也！

"徐遐客"：谐音于云游名家徐霞客，代言的是崇尚自然精神的群体，在产品承接上与项目三山五园环绕、依山傍渠的特色巧妙地契合。

新八大山人之二

古有陶渊明，今有陶先生。每日立于院墙前，目光灼灼，神情专注，名曰"赏砖"，众人皆笑其痴。一日雨至，仍立于"砖"前，自语道：一日四时色不同，此非砖也，其美如"陶"也。自此，人称其为"陶先生"也。

"陶院明"：谐音于东晋隐士陶渊明，代言社会中渴望寄情山水的现代隐士，在产品承接上，与项目建筑规划具有的古朴立面，陶艺瓷砖，院落规划一致。

新八大山人之三

姓李不姓"里"，名字保密，反正不叫"商隐"，有人说他是IT老板，有人说他是一代儒商，自从购得如意美宅一处，便在八小时外隐去，正道是：只在西山里，云深不知处！

"里商隐"：谐音于著名诗人李商隐，代言文化商人群体，承接产品位于城市里、学院里、山水里，闹中有静，静中可隐，更点明项目提倡的隐身富贵的生活哲学。

新八大山人之四

此公为当代画坛八怪之一，一向以奇峭怪异而闻名，然自院居西山以来，画风陡转，笔下荒诞风物皆不见，只余小桥流水与工笔庭院，真真是怪哉！

"正板桥"：扬州八怪之一，画家郑板桥，代言各个领域的自由艺匠，也承接特定的产品形态，诸如：正南正北，阳光通透，低层低密等。

新八大山人之五

自号"双山居人"，一爱西山，一爱书山！自从一日偶遇西山庭院，便携笔带墨急急迁来！笑曰：外有西山，内有书山（万圣书园），"双山居人"今日名副其实也！

"书东坡"：谐音于文豪大家苏东坡，代言学院精英这一客户群体，也承接项目外有清华、北大书院人文底蕴，内有万圣书园，于山水大宅中聚拢读书好友的人文氛围。

新八大山人之六

昔日名利场上打太极，身不由己；今朝西山松下打太极，多少烦尘雨打风吹去。此公据传为社会名人某某某，具体生平不详，不知何年何月居于西山庭院，只知人称"太极张"。

"心弃疾"：谐音于南宋时期社会中坚力量辛弃疾，代言特定时期的社会名流群体，在字面上直接传达了项目提倡的"慢"生活和在纯净山水中颐养身心的居住理念。

新八大山人之七

"西行百二十步，隔篁竹，闻水声……青树翠蔓，蒙络摇缀……潭中鱼可百许头，皆若空游无所依"——此文明明摘自古人柳宗元之《小石潭记》，今偏有某自由作家称：此文为某日饭后，于庭院外散步所见所得。真乃是：假假真真莫能辨也！

"柳中源"：谐音于柳州刺史柳宗元，代言西绅官贵这个高端阶层，承接项目所具有的园林美景、BLOCK院落、丰富水景，描绘出恍如世外桃源的自然境地。

新八大山人之八

商界，人称西山王；书坛，自认王羲之。忽有一日顿悟：人生功夫在世外，纸上得来总是浅，于是弃商封笔，就此归隐。要问此人是谁？禅曰：既非西山王，也非王羲之。

"王西之"：谐音于书法大家王羲之。暗示各行各业的领袖人物，也体现产品具有最好的观山视野，最佳的园林位置，是西山的群楼之王。

中国式的理想、中国式的生存、中国式的人文命运、中国式的性格在当下这个大情境里有机地交织，第一次出现在了中国的广告里。

> **反 复 古**
> **反 枯 燥**
> **八 大 山 人**

"人文广告最怕太人文！"

小丰 —— 创作人文广告最忌的就是过于人文，过于枯燥。

一提到人文广告，很多人就"复古"起来，马上就

会想到晦涩的古汉语、优雅的诗词文字，甚至是陈年的老古董。

"八大山人"这个命题很多人会倾向于做得特别古，这是广告的惯常思维，但我们却喜欢反其道而行，在语言表达和画面的表现上都强调超脱性、趣味性。

"新八大山人"在文案风格上进行的大胆尝试，拓宽了广告文案的容量，以前在广告文案表现上很少出现的人生经历和人物小传第一次登场，而介于现代和古语之间的文字风格让广告语言戏谑、幽默，风趣之外更有情趣。

"新八大山人"的设计借用了中国画的"大写意"，同时也植入了许多具象的元素，我们称之为"具象的写意""抽象的写实"。

就是活到今天，八大山人的画也肯定会有所改变，我们是在做"新八大山人"而不是"八大山人"，所以我们在视觉元素上只保留了"哭之笑之"这个标志性的符号，其余的则在八大山人的绘画手段上进行了再创造，所以我一直对美指说：设计手法上一定要反八大山人，但要保留住其超脱的境界和人文韵味。

作品
作品
还是作品

小丰 —— "作品感"是一种自我认同的成就感，是一种自我进步的激励和对完美主义的坚持，这是西山庭院业主这个精英群体的共通心理。

对"作品感"的坚持不仅在客户本身，万科追求的

"作品感"，促使其更专注于产品细节，从而使西山庭院在物理层面上成为一个优秀的楼盘。世纪瑞博作为地产广告专业机构，对"作品感"的追求则直接地体现在广告创作上，对广告的"作品感"让其对不同的创作思路不断否定，最后成就了"新八大山人"系列创作。

好广告的诞生虽然有一定的偶然因素，但西山庭院开发商、广告公司、消费者三方互动却是"新八大山人"系列得以成功面市的必然结果，缺一不可。

人文是需要积淀的，好标题也是需要积淀的，好广告更是需要积淀的。西山庭院浓郁的人文气质与世纪瑞博"反广告"的创作思路在"新八大山人"系列广告上得到了完美的体现，我们很难说是谁成就了谁。但有一点是确定的：正是这些真正"人文"的产品和作品的存在，让"人文地产"和"人文广告"不断地成长和进步着。

西山庭院 有请
新八大山人 茶
—— 开门见山　三期开盘

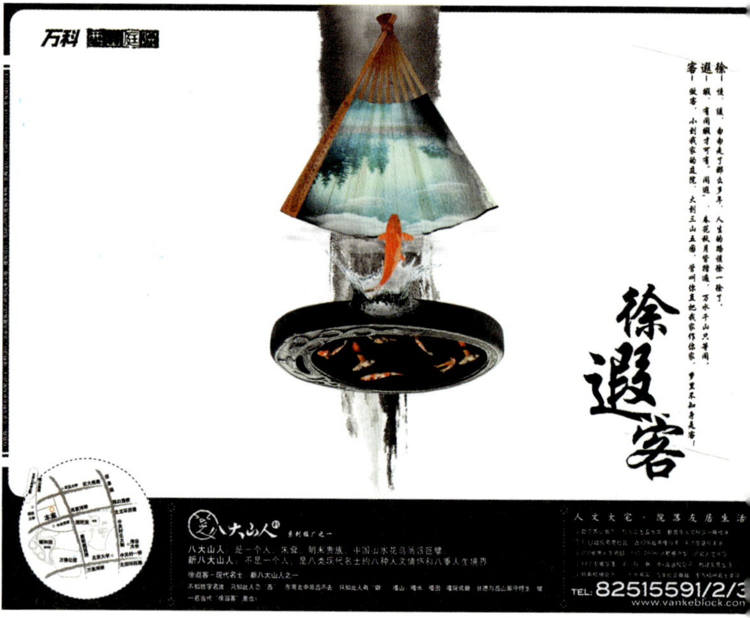

万科
徐遐客
徐——慢，缓，匆匆走了那么多年，人生的路该徐一徐了。
遐——暇，有闲暇才可有"闲遐"，春花秋月皆错过，万水千山只等闲。
客——做客，小到我家的庭院，大到三山五园，管叫你直把我家作你家，梦里不知身是客！
八大山人
八大山人，是一个人，朱耷，明末贵族，中国山水花鸟画派巨擘。
新八大山人，不是一个人，是八类现代名士的八种人文情怀和八事人生境界
徐遐客－现代名士 新八大山人之一
人文大宅·院落友居生活
TEL: 82515591/2/3
www.vankeblock.com

万科 西山庭院

校对者：北京万科房地产有限公司 建筑设计：北京中建建设设计研究院本小组 监理设计：北京市建筑设计研究院华东分院 监理设计：北京JHP装饰华东分院 监理设计：ZENhneitay Neeric供图设计

燕京通志

八大山人 新 *系列推广之三*

八大山人：是一个人，朱耷，明末贵族，中国山水
新八大山人：不是一个人，是八类现代名士的八种

里商隐－现代名士，新八大山人之三

姓李不姓"里"，名字保密，反正不叫"商隐"，有人说他是IT老板，有人说他
正逢是，只在西山里，云深不知处!

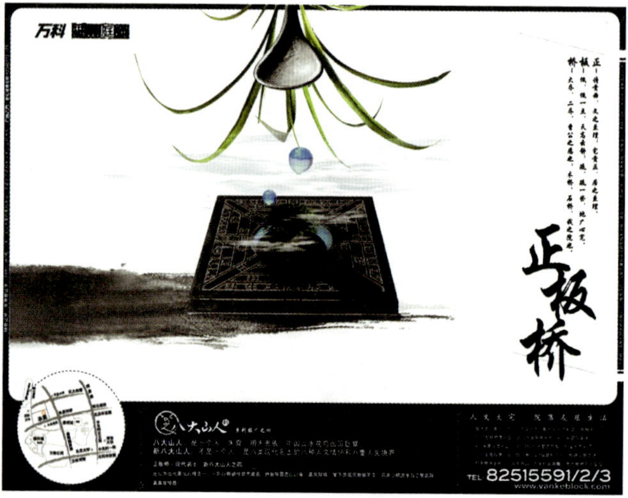

万科
正板桥
八大山人
TEL 82515591/2/3
www.vankeblock.com

万科
书东坡
八大山人
TEL 82515591/2/3
www.vankeblock.com

万科
心弃疾
八大山人
TEL 82515591/2/3
www.vankeblock.com

万科
柳中源
八大山人
TEL 82515591/2/3
www.vankeblock.com

审视

"7 宗醉"

我不希望自己的广告被淹没
事实证明，这是花钱最多浪费最少的广告

北京　案例篇　广告主策略谈
美林正大投资集团总裁
杨杰

房地产广告该出什么牌，是和这个行业的市场环境密切相关的。

如果说前几年北京房地产市场竞争主要靠的是价格、地段，那么这几年靠的则是品牌、创新。如何塑造产品鲜明的个性显得尤为重要，如何提高顾客对产品的认知度及认可度，往往成为房地产项目成败的关键。而广告作为产品向市场传达信息的重要手段之一，在准确表达产品信息的同时，必须提高市场关注度。因此，一个好的广告创意往往比广告投放量还要重要。如果问房地产广告该出什么牌，我认为，出的应该是创意的牌，而创意的理念就是只做第一。

应该说，这几年房地产广告的雷同化比楼盘的同质化还要严重，这是缺少逆向思维的结果，我不希望美林·香槟小镇的广告淹没在茫茫的同类广告当中。毕竟广告从某种意义上说也是赌博，如果出错牌，则满盘皆输。因此，我对广告公司在创意上的要求相当高。

作为一个高档的项目，需要广告上的大手笔与之相称，在媒体策略上则需要独特的想象力！

所以，我们不仅先后两次把 7 个半版和 1 个整版在

《北京青年报》上一次投放，后来还有过2个半版加1个整版的形式，这次的《7宗醉》还在东三环的广告牌做了预告。

　　总预算没有增加，但印证了实力。事实证明，这是花钱最多浪费最少的广告。

　　最后说一点，许多广告公司认为，很难找到一个真正懂创意的客户，但作为客户，我们要找到一个真正有创意的广告公司同样很难。

香槟·圣经·7宗醉

北京　广告代理创意禅
北京世纪瑞博广告公司董事、总经理、执行创意总监
小丰

我们无力创造《圣经》，但我们至少可以做些有新意的重复。

香槟酒"嘭"的一声打开。我的灵感被幸福地击中！多少天的辛劳苦闷化作一串串泡沫快乐地喷涌。

"有香槟，就有成功和欢乐"——美林·香槟小镇的生活不正是这样的吗！现在我终于明白，在这之前一遍又一遍地辛苦寻找，一次又一次地自我否定，一如香槟的酿制和陈年的过程，直到我把一箱法国原产香槟从燕莎搬回自己办公室的时候，它们的滋味才变得美妙起来！！开发商 7 天的香槟之旅不就是很有说服力的明证吗，为什么非要寻找一个华而不实的概念呢？！

——就叫"美林·香槟小镇"吧。提案那天，我们带上了香槟，提案异常成功，但开发商却建议香槟暂时不要打开，因为现在还不是要醉的时候。

当香槟遇到《圣经》

"这个世界真正有创造性的作品只有一部——那就是《圣经》！除此之外，都是对《圣经》的重复或再创造！"

记不清是谁说的了，作为一个以创造自居的广告人，这句话带给我的刺激远比那句"人类一思考，上帝就发笑"要彻底和辛辣。

7天的香槟之旅怎样才能上升为创意呢？

每当脑部细胞陷入麻木，创意马力濒于熄火之时，我总是不由自主地想起这句话，让自己在绝望的刺痛中小小地自嘲一下——是啊，或许我们只能重复了，可为什么不呢？上帝7天创造世界不是正和开发商7天创镇有着某种契合吗？

我不读《旧约》，不信基督，感谢上帝——他仍旧在冥冥之中眷顾了我，也许上帝总是分外眷顾虔诚的人——《7天·创镇纪》的系列广告就这样诞生了。

"罪"的诱惑

上一个"7+1"的成功给了开发商信心，也给了我一个更大的难题。开发商决定用这个形式再做一次，并把主要卖点总结成了7个"最"！

媒体形式定了——仍旧是7个半版加1个整版同一期发放，这还好实现，可"最"字是违反广告法的！

我的一再拒绝最终被老板的威逼利诱化解了。

关键之关键：这次的"7+1"要在上一次的基础上有个很好的延续。

在一筹莫展之际，我又不由得想起了那句话，并由《圣经》联系到了 7 宗罪！哈！有了，从 7 种欲望来表达 7 种生活感受。我又一次兴奋起来。

和上次做广告时比，小镇变得更成熟了，这也是这次广告不能忽略的。于是，我又从香槟想到了"醉"！不仅 7 宗罪，还要 7 宗醉！注意看画面中人物的姿态，既表现了某种欲望，又体现了某种醉态！是的，作为一个渺小的广告人，我们无力创造《圣经》，但我们至少可以做些有新意的重复。

谢天谢地，我虽然犯下了"7 宗罪"，但没有违反我们的广告法。

让"钱"烧得有道理

北京　评论篇
亚豪房地产推广经理
张文杰

我们也曾经见过在媒体上连版发布的广告，如海晟·名苑当年大讲"比较时代"，珠江骏景采用在广东的做法，在媒体上刊登媒体楼书，这些都是项目卖点的堆砌，简单生硬地把楼书搬上了报纸。香槟小镇也是连版发布的形式，但是充分体现了广告减法原则，保证了单稿创意中的"单一诉求"，形成了一套广告组合，其效果绝对强过单稿的渐次发布。

"7宗醉"系列有八支单稿，都围绕着"7宗醉"，将7个不同方面的卖点巧妙地串联，不仅展现了产品各方面的魅力，而且围绕同一个主题形成了互动，一最一醉之间几个概念的偷换，绝不是在玩文字游戏，反而从

"最"到"醉",巧妙地从产品角度"吹了牛皮",实现了从消费者利益角度体验的转化,起到了很好的互动沟通效果。我们曾不断探求将房地产广告中的众多卖点与核心进行有效利益整合的途径,"7宗醉"系列为我们提供了一个很好的典范。

很多业内人士在争论和比较"7+1"和"7宗醉"的优势,在我看来,两个系列是不同阶段的不同表现形式,而且是递进和呼应的关系。应该说,没有"7+1"的铺垫,就没有"7宗醉"延展的成功;没有"7宗醉"的深入,"7+1"也是单薄的。两个系列实际上有一个纵向传播整合的过程,而且很成功,是一套强化产品个性和魅力的出色组合拳,同时也给我们一向缺少整合概念的房地产广告公司上了生动的一课!

最醉人的广告

北京
麦肯·光明广告有限公司中国区首席创意执行官
莫康孙

我自己也有 7 宗 "最"。然而，在美林·香槟小镇的 7 幅系列平面广告里，都没有犯 "最"。出差回京，满桌子都是文件、信件、提案前后的稿件，堆积如山。正不知如何下手，突然眼前一亮，看到一则醒目的报纸广告，虽然是普通的报纸印刷效果，却有瞬间吸引的力量。这就是我要特意多说几句的美林·香槟小镇的《7 宗醉》。

这个系列广告的创意手法相当新颖。首先是那充满艺术性的时装模特，在平面上成了视觉中心，起着"地心引力"的作用。画面大量留白，充满艺术设计的意味，（在这里禁不住为客户具有抛开"空气经济学"的勇气而鼓掌，能留一点空间给广告人和读者喘气，真是功德无量！）而创意人以 7 宗罪为灵感，以"醉"海量放大广告诉求，在国内还是第一次看到这样的创意与媒体安排。有意思，够原创，结合"7 宗醉"，切入不同的话题，可谓一绝。

下面，我想以一个广告人的眼光对这一系列"三八"一番：

媒体与创意的灵活运用——如果没有这种连续版面的安排，效果必会大打折扣。

出色的平面设计——7 个半页版面都有一定的格式，但作为中心人物的时装模特有着关键的连贯性。她是有个性的，是 20 世纪 70 年代的 VOGUE，代表某一年代的潮流与经典；她是艺术的雕刻与造型，是结合品位与生活的活模特。好的造型与灵活性，可以让画面中央部分的字体与空间安排有多元性的调整，却又不失其系列性。细看，每一个模特都与一小瓶酒相结合（除了第6篇醉，要不然是我醉眼昏花看不到藏在哪里，也或许是设计者懒惰把它安排在画面中），虽是小细节，但相信与香槟小镇有关吧！（遗憾的是，真正的香槟瓶子不应该是这样子的。）

　　文案的手法与内容——哪怕是结合了"7宗醉"与"7宗罪"的原则，也得考虑如何把美林·香槟小镇的信息与读者共享，否则，广告主发飙，搞不好就有人要去借酒消愁了。

　　其实，我自己也有7宗"最"。

　　1."最"怕无策略；

　　2."最"怕无主题；

　　3."最"怕无原则性；

　　4."最"怕无话题性；

5."最"怕杂乱无章;

6."最"怕多言;

7."最"怕无动于衷。

然而，在美林·香槟小镇的 7 幅系列平面广告里，都没有犯"最"，这可以说是房地产广告稀有的创意，是值得创意人骄傲的，也是值得我们欣赏的好作品。

房地产广告进入"北京"时代

上海

上海麦肯·光明广告公司创意副总监

韩永坤

房地产广告陈词滥调充斥。正是这种背景给了广告以很大的造梦空间。

北京的房地产广告又跳出来"吓"人了！这是好多人看到这一套美林·香槟小镇广告的第一反应。在领略了它的整个一套广告活动后，深深感到开发商除了有钱之外还真的有胆，除了房地产谁敢这么玩儿。当然要加上一句：除了北京房地产！

北京房地产已经不是第一次这么"吓"人了，美林·香槟小镇已经尝试过一次了！从这两次可以看出，开发商越来越有信心，广告公司也是。这是一种难得的良性循环，至于消费者是不是非要看到这样的广告，那就是另外一回事了，至少我们知道开发商肯定尝到了甜头，否则不会一掷百万再玩儿一次！

每周翻开《北京青年报》或《北京晚报》的周四版，几十页的报纸几乎都是房地产广告的专版展示，除了说明现在房地产的"红火"程度外，站在消费者的角度，如何从眼花缭乱的信息中找到自己想要的，倒真是个考验！

其实，落到房子的本质上，所有的房子无外乎钢筋水泥混凝土再加上位置、户型、价格，这是从产品的角度说！所以几乎所有的广告都在打生活牌，于是我们又看到咫尺、水岸、私家、尊崇、便捷、超市、紧邻、高尚、专属等几乎专属于房地产广告的陈词滥调。正是这种背景给了广告以很大的造梦空间。房地产广告强烈的地域性也让我们"本土语境"的广告有了端倪。

广告环境的改善不总是大环境的事，还在于广告公司自己的坚持。北京的房地产广告公司坚持度始终比较高，所以北京的房地产广告走在了整个圈子的前面。这样说估计会惹得另外两个兄弟城市上海和广州不爽，但的确是事实！作品就是硬道理。只有北京这样的人文环境才会有孕育出这样的东西和机遇的空间。

广州也许有，但上海至少这一两年肯定不会有！

"7宗醉"系列代表了一个什么高度，还需要时间的检验！但它的出现，至少让我们看到中国广告的创意环境在渐渐改善。作为一个在北京房地产广告圈里打拼了近两年的人，我知道这里面的辛酸苦辣！能走到现在——真的是不容易！不说了，就此打住。我只懂得创意，不关心《圣经》，不知道有没有第8宗罪——多嘴！

在牛 × 的大道上一路狂奔

广州
广东黑马广告有限公司高级文案
刘翔

这是房地产强烈的地域性所决定的。

时下，当全世界都认为中国房地产有泡沫，而且还是大泡沫的时候——当然泡泡们自己可不这样认为，当一众人等正带着幸灾乐祸的心情，期待着楼市大跳水和开发商大跳楼的时候，北京的房地产商却一如既往在牛 × 的大道上一路狂奔。如果说非典时期潘石屹到长城放风筝还有点苦中作乐的话，那么美林·香槟小镇此次抬出《7宗醉》的大手笔，展现出一条道走到黑的勇气，简直就是不知死活了。

7个搔首弄姿的女人，7条小资感觉的标题，7个半版加1个全版的投放，玩创意、玩感觉、玩文化、玩大气，难怪有人捡起地上的眼镜，问：这样也行？

行不行当然要走着瞧，资本蠢蠢欲动，自然是听到了利润的召唤。比起广州房产商的见步行步和上海房产商的老谋深算，北京简直就是广告界传说中的"人傻、钱多、速来"的天堂，到哪山唱哪山的歌。做广告也逃不出这一规律，对谁说，说什么，怎么说，也因时因地而不同，否则就是去错误的地方和错误的敌人打一场错误的战争。北京是什么地方？出租车司机都能和你侃 WTO，对这样一群人，恐怕不是九五折优惠就能唬得住的。看看北京的楼盘名字就可以略知一二，动不动就是"贡院 × 号""西山 × 号""× 岸公社"之类，就算是起个"× 果小区"的名字，也要告诉你，嫌我土是不是，老子 100 万买的！真是拿钱砸死人不偿命！

像《7 宗醉》这样的广告，其他的广告公司不是玩不出，而是玩不起。这是房地产强烈的地域性所决定的："× 凤凰城"的"50 万一套的别墅"能卖楼，又何苦去造什么"凤求凰"的典故。没有牛 × 的消费者，没有牛 × 的开发商，也不会有牛 × 的创意。

如果一定要说《7 宗醉》带给我们什么东西，我要说，它起码告诉我们：立足本土文化，将创意发挥到极致，一样能赢得喝彩。广州人立足于粤语文化，上海人立足于吴文化和国际感，处处留心，时时在意，谁说他日不会为中国房地产广告别树一帜！刘三姐唱山歌的时候，又有谁知道多年之后全国人民会传唱"山歌好比春江水"呢？

if you love life with a passion, you will love champagne.
创镇/7宗醉
天竺核心/温榆河畔/365日葡萄原乡生活
美林·香槟小镇
1宗zui
2宗zui
3宗zui
4宗zui
5宗zui
6宗zui
7宗zui
1宗醉/门前京顺，机场路，zui高速。
2宗醉/10年成熟别墅区，zui国际。
3宗醉/仅限286户，zui小镇！
4宗醉/楼间距最大59米，zui空旷！
5宗醉/18.3%建筑密度，zui留白。
6宗醉/科技领先的智能系统，zui安全。
7宗醉/共性装修主张，zui精装！
有香槟/就有成功和欢乐
「香槟」CHAMPAGNE，其实是一个地区名称，位於法国东北部，距巴黎145公里，车程约二小时，
我们通常所说的香槟区分两个部分，南部为香槟区，北部为亚丁区。
按照法国法律规定，只有出产于这里的汞葡萄酒才可以叫做“香槟酒”，否则只能叫做“气泡酒”。
■投资商：美林正大投资集团 ■发展商：北京美林房地产开发有限公司 ■全案代理：北京美麟信诚房地产经纪有限公司 ■电话：80466111/80466222/80466333 ■

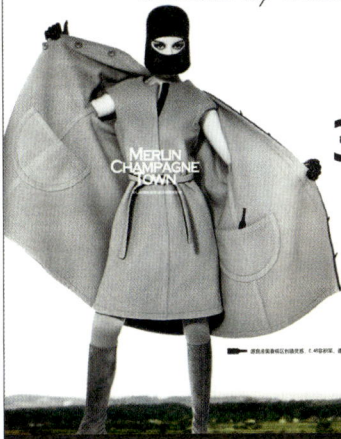

《愤怒的葡萄》在这儿可不只是斯坦贝克的小说

3宗醉 **愤怒**ZUI

MERLIN CHAMPAGNE TOWN

四周的风景/比我家的house更好色

4宗醉 **好色**ZUI

MERLIN CHAMPAGNE TOWN

投资商：美林正大投资集团 ■ 发展商：北京美林房地产开发有限公司

美林·香槟小镇

太阳刚刚出来

"那缕馋嘴的阳光！又把牛奶偷喝了一小半！"早餐桌

5宗醉 ● 贪

留法设计师担纲设计，完全现代简约设计美学。双拼、联排、叠拼别墅。

260—360平方米建筑面积，8—11米面宽，240—390万总价，13种阳光户型，有天

80466111/80466222/80466333
WWW.MERLINTOWN.COM
ouse 也精装/搬家的心情立刻变得贪婪
美林·香槟小镇
7宗醉 贪婪ZUI
MERLIN
CHAMPAGNE
TOWN

丰言丰语

一直不喜欢约稿，因为那是一种「被写作」。我几乎谢绝了一切商业性宣传性的写作，除了朋友们的私人性邀约。

《再别江湖》是应「广告门」劳博主编所约，发表在《广告图》上；《青葱时代》则为洋正老潘的杂志捉刀，也想为北京房地产广告的黄金时代留下些史料性参考。

《二十二条军规》其实是寓教于乐的管理性文字。探索文字的管理效能，也是我个人感兴趣的课题之一。

丰语一

再别
江湖

再别了，江湖！

再别了，白白的江蓝蓝的湖，以及那些红红绿绿的江江湖湖。再别了，江湖，我以千江之水万湖之力再加上2012年伦敦奥运会发言人激动而坚定的声调郑重宣布：再别了，那些江湖，那些千江万湖；再别了，那些千江万湖上的鱼鳖虾蟹和浮游生物。

千江断流千江路，万湖无水万湖田。

我说的江湖，是指网络江湖，其实，早在N个地球年前，"罗大佐"——这个给江湖带来一次次比武论战一场场腥风血雨的网络游魂，就已经毁形灭迹死于非命人间蒸发，自那以后，我再未以"罗大佐"或以任何其他网名在网上发布过一个字，我开始专注于创作，埋头于写书。

N个地球年前直到现在，我断然决然地遁迹江湖远离网络一字未发，态度很坚决，后果很严重。

"罗大佐"的宿敌们开始严重地想念"罗大佐"，于是，他们空虚了他们绝望了他们崩溃了他们开始寻仇了；于是，神探李昌钰乘虚而入灵魂附体。他们不是一个人在战斗！"李昌钰们"一边苦守网络默默潜伏静待时机，一边频频现身踏遍论坛勘查现场，稍有风吹草动蛛丝马迹他们就在第一时间坚决指认：这个是"罗大佐"，那个是"小丰"的马甲，弟兄们，上！

当然，他们失望了，假指认乱立案达不到他们需要的惨痛效果，于是，他们开始模仿"罗大佐""小丰"的口吻留言，或者直接使用这两个名字，借尸还魂以图鞭尸之乐，一拥而上以逞群殴之威，自问自答自唱自骂自娱自乐。直到此刻，我才意识到仇怨才是史上最强悍的福尔马林，可以让几颗残缺的心肺保存得那么鲜活并且拒绝一切自然规律和人间进化。

　　N多年了，万物生死轮回了几个春秋，人间风水流转了几多起落。以前的罗大佐今日的小丰同志写了N本书做了N多事没心没肺狗血淋头快乐而充实地活着，连A网门口卖报大妈的腰包都由国产鳄鱼换成了LV的高仿货，只剩下那"一小撮"还亘古不变地生活在N多年前网络论战时结下的仇怨里，时不时地和自己意淫出来的假想敌斗个你死我活不亦乐乎，胜了又如何呢？在他们间歇性的妄想中，罗大佐的作品是装葱的，罗大佐的书是装蒜的，罗大佐的一言一行都是刻意装的。罗大佐如自己一般不仅是个重度网络异装癖还是个天生自我炒作狂，罗大佐没有消失，罗大佐天天泡在网上努力证明自己，罗大佐时时趴在线上制造新闻，不禁又要问一句，这点廉价的网上名声能杀死一滴奶里的三聚氰胺吗？

如今，连许多杂志年鉴的专访我都刻意回避，因为我意识到了时间和生命的宝贵，因为我终于痛彻明悟了自己的理想和使命——而这些，实在是无须，也懒得和一些蜷落在网上的燕燕雀雀絮聒啰唆。都是老帽儿了，怎么还按 N 年前玩剩下的思维考虑问题，这让我明白了为什么鸟有高低之别人有上下之分，时间不用多，几年见乾坤。再别江湖，不是因为我对你们还有任何恩怨和兴趣，也不是要依江湖规矩给你们一个脸面交代，只是出于我不愿让人久候的个人习惯：我不做大哥很多年了，干点正经事去吧，乖，宝宝，不哭，那个叫罗大佐的恶人本来就不存在，将来也不复存在。每当月冷星稀，回首江湖心潮澎湃你仍然难以释怀时，就请你默念一万遍千年前落第派掌门人杜子美的那句名诗：尔曹身与名俱灭，不废江河万古流。然后，天还没亮的话，洗洗睡吧！哎，江湖，真的不是这么混的！

再别了，网络的看客和混混们！

你们——因为生逢网络而一发不可收，登峰可造极，淋漓也尽致，小人暴动真可怕！真可怕！苏东坡身陷乌台诗案的时候幸亏没有 Internet；鲁迅先生受困厦大风波的时候幸亏没有 BBS，但今天的你们显然搞错了对象，今天的你们只能屠弱到对付一个叫"罗大佐"的小小的网络虚客，虽然这样做不会有任何实质性投资收益，却充分满足了你们零成本做小人的蠢蠢欲望。也许，在网络上趁火打劫的同时，你们仍没忘记自己那个劣根性小癖好——弄几个"血馒头"吃吃！拜托，血馒头是清末民初的时髦事了，21 世纪了，您也来一客三分熟带血丝的普罗旺斯牛排好不好？

不可否认，网络江湖也是娱乐江湖，"罗大佐"同志也曾娱己娱人。是的！我举十个手指头加五个脚指头赞成网络要"High上天""娱到死"，但如果你不是阿汤哥章妹妹的话，还是不要把娱乐和无聊作为你的终身职业吧。对于广大的网娱青年们，我只能用剩下的五个脚指头模仿交警以示提醒：如果网络是你们娱乐自己无聊自己的唯一方式，那么你们的终生也必将会很无聊很娱乐！

N个地球年前，"罗大佐"之所以断然决然退出网络江湖，是因为"罗大佐"发现这个江湖埋藏着致命的诱惑：可以无条件地满足众多屁人的成名欲，于不知不觉中培养出屁人们的一种虚拟妄想人格。一个屁人瞬间可以变为一个江湖老大，呼朋唤友拉帮结伙有仇报仇没事找事，任意使用网络仿真器具与语言暴力。其实，这个虚拟老大扮演得越成功就离现实中的那个自己越遥远。"罗大佐"本也是屄人一个，却迅速地成为某广告论坛一股强大的黑暗势力。我嗅到了某种隐藏其后的危险，为了避免走向最终的人格分裂，我选择了让"罗大佐"这个"屄人 + 老大"一退了之。

N 个地球年前，"罗大佐"告别了江湖。在此有必要声明一下，他告别的是那个充斥着种种网络丑态的虚拟江湖，而绝不是共产共享共荣共和国的 Internet。未来的网络人不一定是广告人，未来的广告人却一定是网络人，从告别的那一刻起，小丰同志就决定沐浴更衣洗心革面清心寡欲从一个案底清白的网络新人做起迎接广告新时代的到来，报纸和电视的诞生催生了前两个广告时代，网络的诞生必将令广告进入新的历史时代。前两个广告时代我们起步晚了几十年，只有第三个广告时代我们是和世界同步的——这也是中国原创广告的历史性机遇。一个伟大的"小三"时代就要来临，为什么非要入宝山空手而归自沉自溺自娱于网络的那些负面糟粕呢？

无意标榜"罗大佐"代表什么，但自"罗大佐"告别了江湖，就像文学界安插在黑道里的卧底孔二狗同志所说：这个江湖已不再浪漫古典，现在冒出来的混子们大都是利益至上主义者，因一己之私而争强好勇，手段无所不用其极，为达目的不在乎什么道义品性，而且没什么战斗含量，超级不能"打"。看着这些进化出了牙齿张着豆瓣嘴在泥泞的名利道路上用肚子缓缓爬行的网上蚯蚓，我还真有点怀念过往的江湖恩怨快意恩仇意气之争，老帽儿们，你们真的很纯很古典，一口气憋到现在，何必呢，赶快抓几条蚯蚓河边钓鱼去吧。

再别了，江湖！

这是"罗大佐"这个名字的最后一篇网文，纯属多余，如假包换，偶有雷同，绝无虚构，请各位对号入座，本人概不负责。

再别了，江湖，丰欲静而树不止！

值此告别之际，我诚挚地感谢与我共度峥嵘岁月的老帽儿们！没有你们几年如一日地发扬王宝钏的寒窑精神，怎么能成就罗大佐"人不在江湖，江湖仍旧有他的传说"的网络佳话；没有你们苦口婆心的十年义务制免费教育，那些刚入行的广告新人怎么知道小丰是何方妖魔呢？我小丰个人的知名度和"美誉度"还要继续依仗你们身体健康福如东海寿比南山，拜托，鞠躬一百八十度的拜托！再别了，江湖；再别了，罗大佐的粉丝和真正的朋友们。

在此，我要告诫一句：请不要再说那些过度维护我的话，如果有人无理谩骂也请不要难过和还击，那样会让某些人机警地跳起来，以为"罗大佐"自食其言别而未走，那样会给某些人制造口实，当作"罗大佐"又一次自吹自擂的如山铁证。"远交近攻，远香近臭"，千古名理，他们宁愿承认美洲某个食人族酋长的儿子的广告成就，也不能忍受本和他们平起平坐的小丰戳破了他们的平庸刺痛了他们的嫉妒照亮了他们的无能？！你就别吓他们了！

记住，网络的精神是平等——任何人都不值得你痛恨和崇拜，是小丰的朋友，读我的作品看我的书就够了。

再别了，江湖。

再别了，那些江，那些湖。

再别了，干干的江黄黄的湖，以及那些不是江的江不是湖的湖。

人生重逢会有时，万流归宗向大海。

再别，江湖！

再别，就是永不再见，一见不见，绝不别而又见。

再别，江湖！

江湖天很晴！我向江湖挥了挥衣袖，不带走半毛钱的云彩。

小舟从此逝，江海寄余生！

Byebye！　Goodbye！

江湖

丰语二

青葱时代：

北京房地产广告狗血简史

秋风起了，蟹脚痒了，青葱黄了……

2011 年 9 月 8 日（星期四　白露　宜：祈福　祭祀　立约　忌：交易　搬家　远行），小丰鼻孔插葱扮猛犸，招呼上圈内的红葱黄葱白葱绿葱们，发起倡议了北京地产全案公司的同业汇活动。

无山，无水，有葱。钢筋水泥写字楼里的小小一隅。圆圆桌上，普洱茶香弥漫，但我的嗅觉却不知道迷走了哪根神经，赫然闻到了盎然的葱味，有老葱的辣，新葱的甜，不知道哪棵葱的麻，却唯独缺少了那种肾上腺素被泥土混合发酵又在某个春天刚刚惊醒发芽出来的青葱味道。

之后某晚，万有引力的老韩在微博发了一张聚会的西洋景，名之曰：北京地产圈十年难得一见的照片。看到这个照片，我内心某个柔软的地方突然被呛了一下，眼角还貌似涌动了几丝干干的泪感。我知道我陷入了告别前的怀念，怀念起那些在江湖上即将逝去或者已经逝去的葱葱。

必须承认新葱们的破土而出，必须承认新葱们终有一日会成长为参天大葱，但也必须怀念那些曾经站得笔直的老葱，怀念他们艰苦而又精彩的葱香岁月。回忆之前，忘记之后，在一个新的时代即将来临之前，请让我为即将逝去的那个青葱时代寄上一点干涩的缅怀。

谁是北京第一棵葱不必追究了，文视和瑞得算得上北京地产广告圈的前两棵葱，而且是两棵像样的葱。

也许还有更早些的小葱苗，但却是他们真正让葱成为葱：文视第一个大举引进广告专业人才，至今活跃在这个圈的个别老总还有着文视血统，第一个把地产广告从媒体销售的附赠品中彻底独立出来，让葱们有了葱贸市场；瑞得应该是这个小行业第一个告别单稿时代，改收月服务费的，这让葱农们有了长期稳定的收入。虽然这两家公司没有为我们留下有记忆度的作品，但老葱们的老冲精神，为我们冲出了一条血路。冲士难免成为烈士，据说，这两棵老葱都已经跳出了这片葱油地，一个仍旧叱咤商场，一个求佛问道，跳出三界，不在葱地中。

想起那片青青油油绿绿的葱地，眼前就会涌起一只飞舞的美丽瓢虫。风格瓢虫是一只穿越了时间迷雾依旧保持着新鲜辨识度的精灵。那些荷尔蒙蒸腾极具视觉冲击力的报稿设计，以及无知无畏无理淋漓尽致到底的二杆子精神依旧高蹈在那个逝去时代的狗血画面里。胡一刀，就像是对郁郁的葱地胡乱斩了一刀，伤口崩裂汁液横流青葱之味水漫长空，然后就蓦然倒下，刀藏精绝人空，胡大侠从此不知所踪（很多很多年后，听说，胡哥结婚了，还在做广告）。

当那只瓢虫萦绕在葱地的时候，葱地里忽然蹿起了一株倒栽着的杨葱。葱为什么一定要叶上根下，房地产广告不一定要广告房地产——老杨葱用揽胜的作品如是说，而且一说十几年，成了唯一一个从葱苗时代苗壮到现在并且青光耀眼青得彻底的另类青葱，杨葱再辣也只是一株而已，然而这一株却似乎代表着一极，它反其道而行之的勇气和坚持似乎永远在反思批判着地产广告业的爬行现实主义。这株老杨葱是这片葱地里永远不可或缺的"反对派"和"在野党"。

前两根老葱的历史意义在于，建立了这个行业最初的商业雏形和模式，后两根青葱则为这个行业植入了文

化基因并进行了专业精神启蒙。北京地产广告业自此
区别于更注重形而下操作的南方水葱们，开启了地产
全案广告的"北京时代"。尤为可贵的是，这个时期出
现了许多值得铭记的作品：风格瓢虫的《亚运新新家
园》《现代城》《骊城》《大话中轴》系列稿件，揽胜的
《万科青青家园》《空间蒙太奇》《锋尚》等。这个时期
的房地产广告市场犹如雨后的葱地，葱意萌动，葱色
朦胧，如红鹤、本色、视觉、达奇、典晶、创意动人、
广告红石坊等些许有自我特色的青青之葱们已经在偷
偷成长，一切都在暗暗酝酿之中。

这既是一个懵懂中成长的时期，也是一个转变中
思辨的时期，从点式服务到全案服务，从设计执行到
全程操盘，从手工作坊到公司化运作，变则存，不变
则亡，风格瓢虫、本色视觉就因为生长速度没有跟上
或者根本拒绝这种成长退出了这块葱地的中心。

2002 年，《北京晚报》举行的首届房地产广告的评奖活动，对这个行业产生了深远影响。在这次活动中，两棵青葱脱颖而出并被长久瞩目。一棵是获奖最大的东方博文，凭借《亚运新新家园》的一支报广斩获了全场大奖，另一棵则是获奖最多的世纪瑞博，通过三金一银展现了自己的专业实力。专业奖项和著名人物的出现标志着这块葱地的初期繁荣和即将成熟。回想起来，在俺的个人记忆中，这次赛事好像是这个行业唯一一次纯净而公正且真正面对房地产广告的专业评奖。这之后的许多评奖和排名都或多或少受到了利益驱动和江湖感情的影响。在这次评奖中，两根著名的青葱老曹和老徐也横空出世，此时的周子和老杨成名已久，红鹤的李雪葱也在通过自己低调和稳定的表现暗暗发力。

一波又一波的葱香迎风飘展，一茬又一茬的葱浪随风飘舞。在中国灰暗而平庸的广告大地上，一道巨大的光柱照亮了这块葱油地。有人说在这里看到了葱田怪圈，也有人说在这里目击了 UFO 出没，巨大的史前恐龙一闪而过，一条来自太平洋的白鲸在葱林里翻跃冲浪。这是一片不名的青春之地，万物春天竞自由，孕育着喧哗和骚动，发育着一切神奇和可能。

是时候了，青葱时代横空绝尘而来！无论 4A 公司们怎样掩耳盗铃地忽视这个市场，房地产广告的发布量已经跃居中国市场的前几位乃至第二位；无论国际评委们怎么矮化房地产广告的地位，北京的青葱们都做出了最原创最本土最具冲劲和最有葱味的作品。中国所谓的 4A 公司们除了在国际评奖的飞机场上有点遗精之外，早已陷入了国际大客户品牌维护和保养的泥淖，失去了原创的本能和实战的精神。

从 2002 年到 2004 年，这是一个创造欲充沛表现力饱满的青葱时代。在这片葱秆笔直葱香四溢的原创自留地里，生命就这样诞生，大地就这样收获。这块葱地也如期收获了第一批真正具有生命力的作品，时隔近十年，这个时代创造的作品仍旧被一批又一批嫩葱们一再地阅读和模仿，而戛纳广告节新一年的作品集出来之后上一年的就已然被遗忘。也只有从这片土地上土生土长出来的青葱们才有洋葱们所不具备的长久的民间生命力。中国广告猛进数十年其实一直在挟洋自重仰洋人鼻息，地产广告的诞生让中国广告的本土精神和智慧真正绽放，我们终于有了一块原创广告的自留地。

这个时期的作品告别了某个单稿或者某个点面出彩的状态，真正成就了全案包装和整体调性推广的经典，并且和产品及销售充分有机融合，在纯广告的技术和艺术层面也达到了一个极致。对于地产广告而言，这个时代的精彩纷呈，相当于美术史上的印象派，音乐史上的瓦格纳运动，建筑史上的包豪斯，电影史上的新浪潮，游乐史上的嘉年华，京剧史上的徽班进京，普洱史上的茶马古道，川菜史上的麻辣火锅，饮料史上的王老吉，盗墓史上的洛阳铲，避孕史上的杜蕾斯，扯淡史上的 QQ。有多少作品不可以重来，有多少精彩只可以重温？揽胜的《左岸工社》、红鹤的《CLASS——建于果岭的上层建筑》和世纪瑞博的《美林·香槟小镇》筑就了那个平面广告时代的神话，也成为他们自己至今仍无法超越的壁垒。

我们不得不承认，现在整个房地产广告市场的创作水准和技术含量远远低于那个时期。专业优势转化为经营强势，这几家公司就此成为北京经营上最强悍的公司，并且一直至今。在业绩猛进的同时，北京的葱葱们并没有放弃情怀与追求，红鹤和世纪瑞博都很注意保持自己的文化基因，揽胜则不惜代价地保留自己的天性和个性。红鹤创立了自己的《沟通》杂志，世纪瑞博推出了《小丰现代汉语广告语法辞典》和《操磐中国》等学术著作。2004 年起，世纪瑞博在上海、天津、青岛设立了办公室，红鹤在天津设立了办公室，北京的一线公司中，也仅有这两个公司走了出去。永远尖锐永远自我的揽胜，立志于做最大的小公司，虽然公司很小但影响很大，揽胜的每一个出品，都是作品级的，也完整保持了揽胜才有的独特性和辨识度。东方博文也仰赖着老徐的市场和经营天赋，让公司成为北京市场的主力葱种。就此，北京的房地产全案公司基本形成了稳定的第一阵营，无论在收费水平还是专业水准上都影响并引领着整个中国。这时候的葱贸市场也一片形势大好，葱葱向荣。

有地头，就有江湖，有江湖就免不了有江湖帮会，于是，传说中的"脑们会"应运而生了。2004年至2008年是北京地产广告圈的脑们时代，"脑们会"最初的成员应该有瑞得、揽胜、达奇、红鹤、东方博文、世纪瑞博这几家公司，瑞得后来因为逐渐退出这个行业的经营而淡出，达奇好像不太爱凑这个热闹。最终，"脑们会"只剩下了揽胜、红鹤、东方博文、世纪瑞博这四家公司，这也就是大家常说并且基本公认的四家一线公司。"脑们会"其实算不上帮会，反而更像个江湖俱乐部，由于公司经营模式和竞争方式各有不同，从而没有任何行业上的整体行为，直至大家都成了朋友，变成了"老友会"。2008 年，世纪瑞博老曹去世后，为纪念老曹逝世一周年，由小丰补缺召集了一次，之后好像"脑们"就没再"会"过，无疾而终。"脑们会"的这个准行业帮会有着以下几点重大的意义：一是让行业有了标准，所谓的一线公司其实脱生于这个组织；二是以专业为导向，大家在一起比试专业和收费，对行业做了好的引导；三是竞争第二，友谊第一。这一点在这个唯利是图你争我抢的行业里尤其难能可贵，这种江湖情谊在老曹的葬礼上得到了凝结和升华，在此，小丰代表世纪瑞博深深地感谢他们，这是青葱对青葱泥土的情谊。

"多少风流总被雨打风吹去，数风流人物唯余田头葱畔，市场调控今又起，换了葱田"。这块葱田随着整个社会主流价值的转变，由理想主义变成了理性主义，浪漫主义变成了浪荡主义，品质主义变成了物质主义，现实主义变成了爬行现实主义。拥有情怀不如拥有情人，管它作品是否天长地久，只要公司有肉有酒。

所谓中国一线的四头大葱也裹挟其中随波逐流。与作品乏力成反比的是，各个公司的经营突飞猛进，北京全案公司这块招牌也四面开花，许多在北京只注册名字没有一个项目的公司在外地城市发展得如火如荼，许多李鬼张牙舞爪不让李逵。专业不再是标准，营业额和公司规模成了行业的标准。行业道德趋于沦丧，欺师灭祖撬老东家墙脚自立门户的宵小应运而出，拉关系喝花酒十八般公关武艺成了许多公司的必修课。青青如此轻轻，葱葱已然匆匆。江湖久未龙虎斗，可怜大哥见白头。

虽然如此，这片风吹雨淋杂草丛生颜色斑黄的葱地还是发育出了一些粗粗壮壮枝枝叶叶的新葱，也许有些老葱不愿看到：今久、洋正、万有引力、黑弧这些新生力量都已经在葱地里占有一葱之地。惧怕新是旧的表现，害怕变是老的标志。必须承认新葱们的破土而出，必须承认新葱们终有一日会成长为参天大葱，杂种出好汉，杂葱出万担，繁杂不一定繁荣，繁荣却一定繁杂。然而，在葱田新秩序形成并得到确认之前，我忍不住要自问并质问：那些曾经以一线自居的老葱，你们还有葱劲吗？你们还在创造吗？你们还有引以为傲的新作吗？还有这些日益茁壮的新葱，老葱固然老矣，可他们的作品仍可重温，他们的葱香飘逸至今，而新葱们有几件（哪怕一件）能让市场及业内记得住的作品呢？专业为本，作品为傲。衷心希望老葱们老当益壮，新葱们迎头一棒，百毒不侵，百葱齐放，一万年太久，只争朝夕，作品出彩分外香，雄关如铁从头越，百万青葱斗大姜，创造依旧在，再度葱地红。

弹指一挥间，时光哗哗滴。中国的房地产广告业已经进入了下半场，以互联网为中心的第三个广告时代已经来临！老中青三代葱爷都在求变求新，奥美收购了黑狐，易居整合了悟石，世纪瑞博和红鹤都成立了自己的互动公司，有些公司则往销售代理转。任何人或者行业都有生命周期，也许朝露青葱明日黄葱青不青黄不黄葱不葱都没有任何价值，人的渺小如大地上的一株葱葱而已，人生的意义如加油站公厕里那句宣传语而已：来也葱葱，去也葱葱。在巨大而孤独的时光蛛网上，怎么选择都无可奈何，怎么挣脱都无路可择。是棵葱又怎么样呢？不过是被子植物门单子叶植物纲天门冬目葱科葱属的一介尘丝而已，但即使是一丝，让它在幻灭粉逝之前闪亮一瞬些许微弱的星星之火青青之光，给这秩序井然无聊乏味的星球添点小乱犯点小轴找点小堵整点小坏可不可以呢？

　　许多许多年之后，《还珠格格》拍到了第 10001 集；日本岛因为地壳运动严丝合缝地填进了马里亚纳海沟；海洋里的最后一只鲨鱼在砂石上吐着血泡；还在走有自己特色的社会主义道路的朝鲜也遵照 88 国会谈协议销毁了核武器；新疆和田一名农民在自己家的葡萄架下挖出了一块长得像卡扎菲的老玉；谷歌卫星在扫描北京地貌时发现了一片茂密的葱林，上报联合国教科文组织后，被确认为地球濒危植物。

　　许多许多亿年后，冰川纪再次来临。ET 在故乡用太空望远镜观察地球时，在一片白茫茫的视野里突然发现了一丝朦胧而可疑的青光。在这次发现后不久，ET 星球的人们从此过上了旱葱蘸芝士水葱三明治比萨卷大葱的抹泪擦鼻涕的幸福生活……纯属捏造。刻意雷同。排名不分先后。你有权保持沉默。

应洋正老潘之邀，小丰谨以此文献给北京地产广告界的"愤青们"，并纪念自己的青葱岁月。

丰语三

二十二条

军规

一、这里是世纪瑞博，没人关心你来自哪个星球。只要不想做第一，你就是在混。如果你想要的是最多而不是最好，那么你就不应该选择这里，更不应该选择这个行业。

二、坚持原创，同时宽容对待别人的模仿和非议。做不到前者，同行会认为你不够有料；做不到后者，同行会认为你不够有范儿——因为，这里是世纪瑞博。

三、没人喜欢穷光蛋，这里也一样。在世纪瑞博——专业和学习能力是你身上唯一值钱的东西，所以你要通过学习努力致富。

四、不要自认为很牛，瑞博某个不太牛的前员工可能恰巧是你的前老板；也不要抱着镀金的想法，这等于你不打自招地承认了自己是次品。有了这种心理暗示，即使投入了较高的时间成本，你的净值也不会增加。

五、拿人钱财，替人消灾，刀要快，活儿要利落——无论对客户还是公司，这点基本的江湖规矩你要懂。

六、不要把自己当艺术家，有钱的和没钱的艺术家都瞧不上这点儿钱，何况这点儿钱也瞧不上艺术家；不要不把自己当艺术家，有钱的和没钱的客户都貌似欣赏艺术家，至少有时候你要貌似艺术家。

七、要懂得对男女关系做销控，否则你就把自己贬低为了公共资源。

按照我司惯例：绯闻的溢价率至少乘以4，口碑传播速度以秒计，还可以随时启动微博营销，并且——人人拥有 70 年的免费使用权。

八、 无论你多么重要，都不要自我感觉过于良好或把自己置于团队之上。卡扎菲到最后一刻仍相信人民是爱他的，但，他死了。

九、 不要长期抱怨你的收入和工作，这无异于告诉大家：你没有能力换个更好的工作，更没能力管理好自己的情绪。

十、 不要把客户和公司当傻瓜，有能力给你付钱的都不是傻瓜。你那些小聪明和小伎俩，他们早就实践过，而且很可能运用得比你好。

十一、 行活儿要适可而止，你可能因此赢得部分客户的认同，却失去了行业对你的尊重。

十二、再忙，也不要把"忙"挂在嘴边。别人会误解你要么是故作重要，要么是没水平管理好时间和工作。

十三、不要热衷于打听别人的工资，这样不会让你的收入增加，却会让你的烦恼增多。因为没人会嫌自己赚得多，除非他有病；也没有人嫌自己的烦恼太少，除非你也不够健康。

十四、如果想在这儿发展，一定要找到自己的USP，但切忌为自己做虚假广告。"3W"原则大家都懂，你的诉求动机很容易被大家识破，并且怀疑你连广告都不会做。

十五、不要被私活儿诱惑，当年找私活儿的人，现在都在找工作。

十六、远离谣言和八卦，因为在创作者不署名的情形下，我司通常认为：知识产权属于所有的在场者。

十七、不要总是抱怨你的搭档能力弱，这样不仅证明不了你很强大，还会让你的搭档议论你的人格。

十八、不要说你很了解奥格威或乔布斯，他们加班的时候你并没有看见——崇敬一个人的伟大不如学习他的平凡。

十九、不要争名夺利，这样做表示你怀疑领导的分赃能力，但却低估了领导的手术能力。

二十、同事们一起吃饭娱乐，职位高的那个人买单，请不要冒犯领导的请客权；不要过度讨好你的上级或给他送礼，即便他当时愉快地接受了，日后也会对你的专业和用意有所怀疑。

二十一、不要对公司外的人说瑞博很牛，即使这是公认的，别人会认为你不够成熟；不要对公司外的人说瑞博不牛，这样会让别人判断你很不牛。

二十二、不要说小丰的书写得不好，那样领导会认为你根本没有看懂；也不要把他的书当成金科玉律，因为他的 idea 也常常被毙。

以上很"二"的军规 100％成立。如果你不打算遵守，那么请你在辞职的时候，默念三遍：天下乌鸦一般黑，瑞博还算有点灰；或者写邮件发往以下邮箱投诉：22222@ 悲催 .net。

附录

小丰访谈 1

初创品牌

如何突围?

——

14 个营销策略

助你一战成名

分享穆罕默德的一句话：即使你穷得只剩下两个银币，那么也要用一个银币买面包，另一个买鲜花。这是什么意思呢？企业和产品就是我们的面包，品牌就是我们的鲜花，企业再小，也要关注品牌，建设品牌。

那么品牌究竟是什么？我个人建议回到它原始的定义。brand 来源于古挪威的一个词 brandr，中文意思是"烙印"。所谓烙印，有三个基本特征：第一是与生俱来，不是后面贴上的标签；第二是用于识别，识别这是我的马和牛，而不是别人的；第三它是私有财产，区分这份资产是我的，不是你的，具有私有财产的属性。

很可惜的是，很多企业在今天都已经造汽车了，但都还不够重视品牌这个资产，这是非常遗憾的。大家知道了品牌最基础的含义和三个基本特征，就对品牌有一个大概了解了。下面我讲一下移动互联网时代品牌的发展趋势。

趋
势
1

重新
做人

品牌理念回归人性化

过去的品牌理念强调"三化"：国家化、道德化、权威化。但移动互联网时代，客户是上帝，品牌理念自然要洗心革面。

为什么把它放第一位，而且用这么严重的词呢？因为以前我们的品牌一直是"三化"的，就是国家化、道德化、权威化。但是在移动互联网时代，这绝对是行不通的，消费者是上帝，他们就是权威，就是道德，甚至消费者就是行政命令，所以品牌一定要回到"人"这个主题。

案例： 从高高在上到平易近人的*海尔*

特点： 品牌拟人化，贴近客户

表现： 品牌口号从"海尔中国造"，演变为"你的智慧生活，我的智慧生活"，同时开展"您来设计我来实现"的落地活动。

我们现在看到的 CCTV 的广告，打品牌的，基本都是假大空的，比较装的，都不是人性化的品牌。但是很多企业已经注意到这一点，比如海尔这种传统企业，从以前代表中国向世界宣战的"海尔中国造"变成现在"你的智慧生活，我的智慧生活"。我举的例子说明最传统的制造业都已经开始转变，开始"重新做人"了，我们互联网企业也一定要从"人"出发，人是品牌的源泉，你的品牌理念就一定不能离人太远。

趋势 2

窄、宽、大

这是三个过程，传统品牌塑造是要先做一个大品牌，然后进行品牌延伸，不断拓宽，最后进入专业领域进入精准领域，做窄品牌，这是大品牌宽品牌的延伸，但是现在反过来了。移动互联网时代要先做窄品牌，做透了再拓宽，最终做成一个大品牌。很多互联网企业都是遵循这样的路线的。

案例： 从单一产业到生态圈大品牌的*阿里巴巴*

特点： 从点式突破到闭环服务

表现： 从单一的 B2B、B2C 到音乐产业、电影产业、足球产业、广告产业，阿里巴巴的经营线不断扩大。前期精准定位客群，后期不断延展产业门类成为互联网领域的巨头。

典型的阿里巴巴最初就是从单纯的 B2B、B2C 再到音乐、电影、体育、广告产业，它的产业是不断扩大的，是在同一个客群上不断延伸，最终成为一个大品牌的。

所以提醒大家，现在是窄品牌时代，如果你想做品牌，要从窄、从精准、从单一做起，慢慢再去做宽品牌、大品牌，切忌像以前那样一开始就做大品牌，在这个时代这是很难的，也是志大才疏的。

趋势 3 扁、细、快

这是大家每天都在接触和容易理解的。现在品牌塑造和传播越来越扁平，董事长和消费者可能都在一个平台，研发人员和最终使用者也是。但过去，品牌从塑造到传播到消费者终端，是有漫长的路径和很高很深的壁垒的。

案例： 从不做"慢传播"的*小米*

特点： 扁平、细节、快速，做到极致

表现： 扁平化——

推广"0预算"的前提下，黎万强首先建立了小米手机论坛，通过技术性讨论，让 IT 行业人员认同小米品牌的产品技术、产品质量。

细节化——

雷军每天用一个小时的时间回复微博上的评论，而

小米工程师是否按时回复论坛上的帖子是工作考核的重要指标。

快速化

2012年"8·15电商大战"迅速做出反应：8月15日早上决定参加电商大战，第二天早上8点推广就全面上线。

雷军每天花一个小时回复微博上的评论，其实这也是一种品牌的维护，这是典型的品牌行为。还有就是快，以前如果做一个品牌危机公关的处理，至少需要两天，还要给权威媒体留出制作、排版、上档等时间。现在如果在危机出现后半小时内不做出反应，就错过了黄金救援期，所以说现在的品牌越来越快。

趋势
4

24 小时

+

360 度

案例：微博每日紧跟热点的*杜蕾斯*

特点：全天候互动，社会热点无一遗漏

表现：从 2009 年开始，杜蕾斯中国官方微博在移互圈以
全时制的互动营销方式一举成名，迅速成为当时
中国最知名的营销案例。

以前品牌不是全天候的，周末休息晚上睡觉甚至还放假，现
在不是这样了，它 24 小时醒着，方方面面都面临出口和进
口，这也意味着品牌维护和保养工作难度是非常大的，确实

是 24 小时 +360 度的，包括品牌的宣传，要随时对热点、危机做出反应。刘翔退赛后拿这事做广告的广告在 2 分钟后就出来了。

趋势

5

品牌

互借

案例： 漫威与 6 大品牌联合推广的*复仇者联盟*

特点： 不同领域品牌联合，相互借势

表现：《复仇者联盟 2》上映前，漫威联合 6 大品牌进行
全球联动推广，每个品牌分别推出漫威漫画主角
形象的限量版产品，相互借势，推动品牌知名度。

以前品牌之间是很少交流的，同行业品牌之间是打架的。大
家还记得王老吉和加多宝互相道歉，其实是品牌对决，并引
发杜蕾斯等跟进，用加多宝体进行品牌宣传，在热点上发酵、

借势，甚至房地产企业也出了类似的广告稿。在传统时代，品牌就是一起掐架一起完蛋，现在是一起狂欢，只要有热点，大家就都是朋友，大家一起把它做得更热。

越来越任性

趋
势
6

案例： 从第一站位到个性展示的*可口可乐*

特点： 从千人一面，到个性化定制

表现： 曾经"Coke is it"（这就是可口可乐），到现在"一路可口可乐"及个性化定制歌词饮料瓶。

麦当劳现在的品牌主张是"我就喜欢"，表现得很任性。前文提到的品牌的原始意义中，品牌有识别的功能。很多人对识别理解得很表面，认为就是视觉识别，是 logo，高一层次的认为是理念识别、价值观识别，是精神象征。其实每个品牌都有自己的性格，性格识别也是很重要的。现在大家能接触到非常多的品牌，如果你的品牌没有个性，那么你在年轻消费者心中就没有空间，就意味着你已经失败了。

其实可口可乐是个老品牌了，但是它在不停地适应这个时代而且适应得比较好。现在可口可乐的瓶子都是定制化的，还有很多有个性的话，以前都是千瓶一面，这就是改变。

趋
势
7

可体验

案例：从明星代言到产品可触摸的*三星*

特点：打造贴心的体验式营销

表现：三星仅在北京就拥有 89 家品牌体验店，通过客户在体验店感受产品的使用特点，从而达到品牌体验的提升，促进销售的目的。

以前做体验搞好媒体关系，搞定权威杂志，处理好危机投诉就够了，现在品牌要看得见摸得着，就不能仅靠广告和媒介了，体验是品牌的一个入口。我们看到很多大的品牌都在不停地建体验店，里面有很多软性的内容，就是要让大家能摸得着看得见。

趋势
8

一切倒过来

先有品牌认知　再有品牌形象　后有品牌宣传

原来往往是消费者先看到品牌的广告宣传，才会逐渐识别品牌形象，最后达到品牌认知的目的。而现在则是先有品牌认知，再识别品牌形象，最后进行品牌宣传。

这一点是从品牌建设和宣传来讲。以前是先进行品牌宣传，花很多很多钱，通过宣传建立一定的品牌形象之后，消费者才有品牌认知和体验。但现在一切倒过来了，先有品牌认知，这样在我心里才有一个品牌形象，然后通过对品牌的认知、通过这些人本身对品牌进行宣传。

案例： 以明星为切入点让大众认知的品牌 *roseonly*

特点： 先让大众认知，再树立品牌

表现： roseonly 亮相之初，以林志颖、徐静蕾、何炅等一批娱乐明星的现场体验为传播点，带动品牌传播，逐步树立了中国高端定制玫瑰的品牌基调。

roseonly 一开始就让明星如林志颖、徐静蕾等先去进行产品体验，对它有认知，然后通过他们进行品牌传播和宣传，从而带动大众对该品牌的认知，建立品牌形象，最后再输出品牌理念。

趋势
9

重在参与

品牌强调员工用户参与度

以前对于企业员工而言，品牌是被动参与的，每个人都只是公司的在编员工，品牌离自己很远。现在则需要每个人都去主动传播，企业的每个人都是品牌的塑造者。

案例： 从少数人决策到千余职员参与的*立邦*

特点： 让员工的品牌认同影响社会

表现： 至今，立邦中国一共推进了 15 个社区关怀项目，遍布 9 大城市，来自立邦中国 7 个事业部，共计超过 1000 名员工志愿者参与其中，通过立邦中国

　　的公益平台身体力行地为身边的弱势群体带去温
　暖与帮助，用实际行动传达自己的公益理念。

《参与感》是本非常好的书，现在的品牌必须有消费者和员工
的参与。以前注重消费者，但不注重自己员工的参与。移动
互联网时代的品牌如果没有员工的参与和认同，就很难做好。
立邦做得就非常好，立邦中国推进了 15 个社区关怀项目，超
过 1000 个员工参与了这些项目，其主要目的不在于送关怀，
而在于让员工参与到自己的品牌建设中来。

品 牌
越来越软

趋势 10

一个企业对消费者的服务在过去被看作产品的延伸，只有你买了我的产品我才为你服务。现在无论你买不买我的东西，是不是我的消费者，甚至你不买我的东西，我都要为你服务。软服务就是软品牌的核心内容和助力。

案例： 不只卖坚果，更是卖萌的*三只松鼠*

特点： 服务附加值打造品牌萌系外衣

表现： 三只松鼠品牌伊始，除去正常的坚果销售，更在产品售卖中附赠了各种小礼品，如坚果开壳器、冰箱贴等小礼品，通过萌萌的松鼠形象和贴心服务塑造了一个线上品牌。

不仅卖坚果，还会卖萌的三只松鼠卖的其实就是软服务。它的坚果与其他品牌相比没有什么优势，但是通过软服务识别了自己。除了送给你坚果，还有很多工具和礼品，通过这种贴心的服务，通过对消费者体验和痛点的把握，把软服务植入到坚果里，这是一个成功范例。大家想想坚果有什么不一样，三只松鼠就让人觉得它非常懂你，秘诀就在于软服务。这就是它品牌的核心。

趋势
11

前　置
前　置
再前置

案例：从网络论坛到华语体育媒介巨头的*虎扑体育*

特点：先聚拢用户，再做第一体育媒介

表现：2004 年 1 月，CEO 程杭博士在芝加哥创建虎扑前身 hoopCHINA 篮球论坛，聚拢了大批华语体育迷。至今 10 余年时间，它已成为中国体育网络新闻媒介的巨头。

现在品牌已经前置到和产品一样的位置了，就是说在做产品的时候就要考虑、宣传你的品牌了。品牌建设在过去是后置化的，就是我把产品做出来，先去卖，为了扩大知名度再去打品牌。有了一定消费者后再做消费者维护加深品牌，在一些关键节点上做品牌宣传。现在不一样了，现在企业在成立之初，产品刚有一个想法的时候它就应该存在了。比如小米，在产品前期就邀请发烧友参与，这时候就是在铺垫自己的品牌了。

趋势 12

娱乐至死

利用娱乐要素　抓住客户稍纵即逝的注意力

传统时期，品牌总是高高在上，试图营造一种完美的形象。现在信息庞杂，稍纵即逝，往往需要品牌在电光火石间让客户记住。

品牌娱乐化是时代的特征，大家可能都不太喜欢董明珠，但不得不承认的是，在传统行业的大佬里面，她是在新媒体上被曝光最多的。董小姐自觉不自觉地把自己娱乐化，但是从品牌宣传、曝光率、关注度角度看，她是成功的。

格力电器是传统制造业，是很难和消费者拉近距离的，但通过董明珠这样一个稍微带点娱乐化色彩的人物，成功突围了，并标识了自己。不断地制造话题，不知是不是故意的，但至少是聪明的。

案例：*叫个鸭子*，满足你对鸭子的一切幻想

特点：字面歧义带来无限传播能力

表现：叫个鸭子品牌创始人曲博曾全面负责百度大事件及节日营销，对于网络传播的把握十分到位，通过娱乐化的品牌命名，不但提高了品牌名的记忆度，而且还节省了大量的广告费用。

现在品牌传播都很难，当然也有娱乐过度的，比如"叫个鸭子"之类的，我觉得这是噱头化的，不会走得很远，因为你感觉不到这个品牌背后的内容。

趋势 13

碎片化

案例： PC 与移互媒介传播的巨人 *DSP 系统*

特点： 跨屏整合所有 PC 与手机媒介平台

表现： DSP 需求方平台这一概念起源于网络广告发达的
欧美，是伴随着互联网和广告业的飞速发展新兴
起的网络广告领域。它与 Ad Exchange 和 RTB 一
起迅速崛起于美国，已在全球快速发展，2011 年
已经覆盖到了欧美、亚太。

在国外有一类公司很火，很主流，现在在国内也有了，叫
DSP。DSP 是什么呢？就是替你整合社会化媒体途径的系统。
其实碎不怕，关键是要准。

趋
势
14

人际
载体

每个人都是品牌传播的载体

传统时期，品牌传播集中在媒介。现在随着社交媒介的发展，传播的途径逐步成为每个人口口相传的口碑，这个时代每个人都是传播的载体。

案例： 口口相传的励志品牌*褚橙*

特点： 以人为载体，传播品牌故事

表现： 75岁的褚时健，以自身起伏的人生故事，结合酸甜适中的冰糖橙，迅速引爆社交媒介关注点，依

靠人们口口相传，树立了一个既励志又好吃的水果品牌——褚橙。

以前品牌要载人，现在品牌要人载，因为现在每个个人才是品牌传播的媒体，就是口碑。但只有口碑是不够的，品牌原始的词是"烙印"，后来拉丁文衍生出了"心里的烙印"，所以不是口碑，是心碑。品牌就是在你的用户群体里树立一座伟大的心碑。所以人始终是品牌的核心，是最初的，也是最终的。

小丰访谈 2

这个时代

不要把自己

当作广告人

· Question 1 ·

您是如何理解世纪瑞博这个品牌的?

—— 小丰 ——

先说世纪瑞博,它首先是一个地产专业品牌,以后也会继续坚持这一点。瑞博不是一个靠做关系获得成功的公司,而是一直靠拼专业。能做出一些业绩,也主要是靠大家干出来的。

我觉得任何时候、任何行业,都需要一个专业的品牌立在那儿,我一直认为瑞博是以专业为导向的公司。如果一个行业里没有这样的公司,都是关系导向的公司,那么这个行业离末日也不远了。瑞博是一个专业品牌,以后还会坚持这一点。

另外瑞博也是我构想中专门面对地产的一个品牌,其他方面我们的尝试也很多，比如品牌、互动，以及 VR，都会做，都在尝试当中。如果能做出成绩来，也会成就我们的其他品牌。

· Question 2 ·

**这么多年过去了，在您漫长的从业时间内，
最难忘的一个时段是什么时候？**

—— 小丰 ——

如果说时段的话，那肯定是 2000—2004 年，因为那是地产
的黄金时代，也是全案公司的黄金时代。那个时候，大家觉
得做这个行业还是比较有价值有意义的。

那个时候大家关心的是，又有哪家公司出了什么好的作品。
真的是这样，有好的创意出来，大家都去看，都去议论，暗
地里比拼，就是说行业还是有很强的专业氛围在的，还是有
很强的创新追求。现在回头看看，还是留下了很多经典。那
个时代，我觉得是非常好的时代。

现在呢，就比较务实了，我们也很难看到真正让你"虎躯一震"的东西，也很难看到有极大创新的东西，所以我觉得当年那个时代比较好。那个时代大家见面聊的都是专业问题，会因为这个争论、吵架，但你现在再因为这个吵架，那不是傻子嘛！

当时在客户面前那也是勇于坚持专业的，因为我们是专业的，你要听我的意见，那时候面对客户的态度就是这样，现在彻底转向服务了。

· Question 3 ·

您在这个市场中经历了很多高峰和低谷，
到 2016 年这个时间点，
您是怎么审视这个行业的？

—— 小丰 ——

从 2016 年上半年来看，因为经济金融形势，所以房地产市场的大势比较好，但房子在将来会有很难卖的一天。那个时候，甭管愿不愿意，市场摆在那里，就一定得掏出真金白银，挖空脑袋做营销做策划做广告，所以应该重视这些外脑的作用。

其实我认为所谓的广告全案这个行业是个小行业，作为一个小行业，最好是在中间波动的。在市场极好的情况下，它的作用是不大的，整个市场让经济形势托着，干吗还要搞这些？但在房地产市场极度不好的时候，还是很需要广告和策划的，可开发商自己又不愿意了，他不愿意掏这个钱了。在这两个极端的情况下，广告公司的价值感会降低，需求也会降低。

其实行业最好的状态是需要竞争一下，你的房子才好卖。市场太好了不行，太坏了也不行。实际上所有的服务商都是这样，你想想渠道销售公司是不是这样？代理商是不是这样？媒体是不是这样？太好卖了我就不做广告了，有你媒体什么事儿？太不好做了，我就捂紧钱袋子。它其实是社会的规律、服务业的规律，不只是广告的规律，不只是某一个小行业的规律，这是个大规律，对大家来说是一致的。

Question 4

**您的专业是文案，那么如何看待文字在广告
当中的力量？**

—— 小丰 ——

我觉得文案不一定是文字。其实文字只是思想的一个载体，
关键还是要有思想，所谓的"文案"，他应该是有思想有灵魂
的，并且也能够去制造和创造思想和灵魂，而文字只是一个
承载的工具。

其实现在都在转化，自媒体还有大 V、网红 IP，他们的文字
也非常好、非常棒，写出的东西能触及灵魂。我觉得文案的目
的跟策划一样，最终是要输出思想、输出文化、输出灵魂，这
是这个专业包括策划专业所追求的最高境界，它并不只是文字

的技法，文字只是形而下。现在文字的功能被转化了，以前只能用文字表达的东西，现在可以用视频、图片表达了，纯文字的东西变少了。但是我觉得，面对现在的情况，文字工作者要付出得更多了。因为文字变少了，其他的部分就更多了，你如果不付出更多，那你的文字放在现在这个时代就更不行了。

所有的东西，都是核心思想的延伸，文字、图片、视频、音乐等都是。现在表达方式也更多元了，比如诗歌的表达就在转化。纯文字的诗本身的作用并没有那么大了，但是现在就会有诗电影，诗歌会转化成各种其他形式，继续流传下去。

· Question 5 ·

您既做过房地产，也做过快消，
那么如何看待这两者之间广告上的差异？

—— 小丰 ——

我觉得房地产广告更残酷一些。因为做快消，现在的品牌企业都在用新媒体，比较直观。但是在这之前，快消品的广告并不直观。我这一轮广告出去，从产品亮相，到上架，上架之后走渠道，形成销售，最后形成一个完整的销售季，这时距离你最开始创作广告的时间点，基本上已经过去大半年了。所以广告在快消品领域，并没有特别直观的效果。这个产品卖得好不好，问题出在哪里，就变得很难评判，因为环节太多，而每个环节都有可能出问题。我当年做过很多快消品，其运作都是这种模式。

但是房地产广告就不一样了，以前大家都喜欢打报广的年代，一个广告出去，多少个电话，多少个来访，一两天的时间之内，直接就有答案了。其实现在各大品牌都在用社会化营销和大家紧密沟通，让消费者第一时间反馈，这在地产广告中早就存在了。地产一个广告出去，立刻就能知道有没有效果，只不过就是没有留言和互动，但是效果是非常直接的。

所以快消品现在也在转变，这类产品对效果营销、社会化营销、口碑传播，依赖度更大。而房地产这种大宗贵重低频消费的产品，不可能完全依赖那些社会化的手段。它还需要高层设计，再加上这些新手段，但是也不能全都用，要进行挑选。它其实从根本上更强调以前快消品领域中强调的心理洞察、视觉调性。

但是现在快消品不太看重这些事了，直接就用社会化营销快速反馈，快消品开始走互动模式了。不过快消品当年那些很原始的营销原理，未来要更多地应用在地产领域。所以从大趋势说，现在快消品和地产在营销原理上，反过来了，但在执行层面上，也是互相吸收，地产也强调渠道、直销等。其实现在房子越来越像快消品，我刚入行的时候，一个地产项目，从拿到地，到建造，再到卖，时间是非常长的，现在则非常快，很快就上市，很快就卖完，它也变成一种快消品了。

· Question 6 ·

在社会化营销的时代，
品牌内核还需要吗？

—— 小丰 ——

我觉得当一种新技术出现的时候，肯定会主导一切。但是千万记住，所谓的技术，永远都是一个通道和载体，它并不能取代灵魂，也永远起不了这个作用。现在技术改革营销的时代，已经快到尾声了，它作为通道、技术、手段的使命，基本已经完成了，因为现在已经有了一轮新的生态。

这意味着什么，这意味着它已经变成普通的了。就像以前，大家都去电话亭打电话，但是现在已经人手一部手机了，所以人们没那么重视了。去年我们还在谈论"互联网+"，但是现在几乎所有的企业都是"互联网＋"，那就没什么新鲜的了。马化腾说，互联网会消失的，但它不是真正消失，而是已经变成日常了，它已经不作为一个单独的概念出现了，就像管理上用的 OA 系统，生产中提到的自动化系统，它还是基础建设，只不过技术刚出来的时候，它一定会主导，大家一定会技术至上的，但是技术毕竟只是一个应用。当这些已经成为日常应用的时候，我们还是要找回原来的东西，比如核心价值观。

有些企业，只是在刷流量，在刷关注度、知名度，一旦遇到危机，问题就很大。举个例子，比如 ×××，品牌的内核是什么，是你的安全气囊，在你有事的时候能救你一命。有些开发商的游泳池也死人，但这无法打倒这个开发商，事情过去了，大家还是会选择信任他，为什么会这样？这就是品牌的力量。××× 只是暂时资金有一点问题，其实根本不算什么，因为销售节奏很快现金流很快。但就是因为他只有知名度，没有品牌，永远只是在讲商业模式，可商业模式不是品牌，关注度不是品牌，一旦出事，大家就会质疑，比如媒体、商界，都会有连锁反应，于是更多人就会对它产生怀疑。

品牌是什么，品牌就是信任，就是认同。品牌没什么神秘的，就是信任、认同、购买，然后就是再一次信任、认同、再购买，最后就是不停地信任、认同、再购买，就是这样一种循环。

· Question 7 ·

现在传播内容更重要，
还是传播方式更重要？

—— 小丰 ——

传播方式必须掌握，这就像英文 ABC，它是营销策划的语言。但如果大家都掌握了，这就不重要了。大家都会说，也都在说一种语言，那这个语言就消失了。比如英语曾经是一种技能，但是现在大家都会说都懂，三四岁的孩子都在学，那么这就不再是技能了。

只不过我们暂时还属于通道时代，但是当这些都普及了，就会变成一个一个通道，而不是特殊技能。通道搭配起来的，只能是平台和赛道，但平台上还是要有东西的，赛道上还是要有骏马的，只不过刚出现的时候会有颠覆作用，这就形成了我先做了，我有你没有的差异化。

比如我开上车了，你没开上车，这个区别是很大的。当大家都开上车了，这时大家就会看，你是开奔驰还是开宝马。所以我觉得暂时还存在这么一个时代，但是已经到末期了。乌镇的互联网大会上，马化腾就坚定地说，移动互联网和互联网，不可能再有独角兽了。因为该建立的平台和通道都建立了，大家都形成闭环了。互联网是个基础，在未来这个东西本身不产生价值，关键要看你在这个基础上去做什么事情。

· Question 8 ·

技术对当代的营销是如何施加影响的？

—— 小丰 ——

在一个时段内，肯定是颠覆式的影响，这让社会关注的入口变了。以前我刚到北京，会每天买一份《北京晚报》，看看今天发生了什么，打开电视，看看新闻联播。后来有《北京青年报》了，又有各种各样的新形式的媒介入口，我就不一一表述了。那现在大家还看这些吗？包括以前的百度，百度为什么错失了一个时代？是因为它自己坚定地相信自己是入口，但现在微信是入口，你每天点开微信的次数远高于百度。

这样的情况，就带来了信息碎片，因为这个时代要打碎这些东西。这样的大形势下，又带来了精准营销，这些东西慢慢地还是会重新聚合的。

· Question 9 ·

为什么选择 VR 作为新突破口?

—— 小丰 ——

其实我一直很喜欢创新,很早就开始做网站,做游戏互动、电子楼书、H5。只不过在这个行业里,过早地输入技术,很难成为一个可持续的商业模式。但是这种探索,一直没断过,只不过中间有暂时的停顿。

VR 作为一种地产的探索,在未来其他行业中,可能会有更大的蓝海。

Question 10

您会对新进入这个行业的人说些什么？

—— 小丰 ——

所谓的地产全案，都在转型。首先，你选择一家公司，要看清楚未来的方向，行业方向和你个人的发展方向，因为行业本来就在转型时期，在看不清楚的情况下，你去做一个选择，就会比较盲目。

如果是几年前你来问我这个问题，我会毫不犹豫地回答你，但是在现在这个时间点，广告——不仅是地产广告——行业的边界，已经被打破和拓宽，定义已经很模糊了。你说做自媒体的是不是广告？ VR 算不算广告行业？广告的定义已经跨界了。所以我刚才说，你进入一家公司之前，一定要看清这家公司的未来方向是什么，和你的个人发展是不是一致。

另外，你进入这个行业，不要狭义地定义自己，认为自己就是干广告的，就是干全案的，就是做 VR 的，就是做新媒体的，就是做 3D 的，不要那么去看了，因为那些都是对公司经营方式的称呼。你进入的是一个大的传播行业，因为传统的那些行业定义都已经变了，但大的方面还是一个传播行业，你要把自己当成行业人，要有大行业的概念，不要把自己当作广告人，而要把自己定义为文创人。

图书在版编目（CIP）数据

广告人成长手记 / 丰信东著. — 北京：东方出版
社，2024.1
（小丰广告创作系列）
ISBN 978-7-5207-3722-7

Ⅰ．①广… Ⅱ．①丰… Ⅲ．①广告－创作 Ⅳ．
① F713.8

中国国家版本馆 CIP 数据核字 (2023) 第 203611 号

广告人成长手记
（GUANGGAOREN CHENGZHANG SHOUJI）

作　　者：丰信东
责任编辑：江丹丹　杨　灿
责任审校：孟昭勤　赵鹏丽
出　　版：东方出版社
发　　行：人民东方出版传媒有限公司
地　　址：北京市东城区朝阳门内大街 166 号
邮　　编：100010
印　　刷：北京文昌阁彩色印刷有限责任公司
版　　次：2024 年 1 月第 1 版
印　　次：2024 年 1 月第 1 次印刷
开　　本：710 毫米 x1000 毫米　1/32
印　　张：13.75
字　　数：132 千字
书　　号：ISBN 978-7-5207-3722-7
定　　价：198.00 元
发行电话：(010) 85924663　85924644　85924641
